Volker Neuhaus

Die Bibel

Volker Neuhaus

Die Bibel

Entstehung – Aufbau – Überlieferung

marixverlag

Gewidmet dem Andenken meines Bruders,
des Philologen und Theologen Dietrich Neuhaus (1939–2015)

Inhalt

B

Das Neue Testament

Abkürzungen biblischer Bücher nach den Loccumer Richtlinien

Altes Testament

Gen	Genesis (1 Mose = Das 1. Buch Mose)
Ex	Exodus (2 Mose = Das 2. Buch Mose)
Lev	Levitikus (3 Mose = Das 3. Buch Mose)
Num	Numeri (4 Mose = Das 4. Buch Mose)
Dtn	Deuteronomium (5 Mose = Das 5. Buch Mose)
Jos	Das Buch Josua
Ri	Das Buch der Richter
Rut	Das Buch Rut
1 Sam	Das 1. Buch Samuel
2 Sam	Das 2. Buch Samuel
1 Kön	Das 1. Buch der Könige
2 Kön	Das 2. Buch der Könige
1 Chr	Das 1. Buch der Chronik
2 Chr	Das 2. Buch der Chronik
Esra	Das Buch der Esra
Neh	Das Buch Nehemias
Tob	Das Buch Tobit (= das Buch Tobias)
Jdt	Das Buch Judit
Est	Das Buch Ester
1 Makk	Das 2. Buch der Makkabäer
2 Makk	Das 2. Buch der Makkabäer
Ijob	Das Buch Ijob (Hiob = Das Buch Hiob)
Ps	Die Psalmen
Spr	Das Buch der Sprichwörter (= Die Sprüche Salomos)
Koh	Das Buch Kohelet (Pred = Der Prediger Salomo)
Hld	Das Hohelied (= Das Hohelied Salomos)
Weish	Das Buch der Weisheit (= Die Weisheit Salomos)
Sir	Das Buch Jesus Sirach
Jes	Das Buch Jesaja
Jer	Das Buch Jeremia
Klgl	Die Klagelieder des Jeremia
Bar	Das Buch Baruch
Ez	Das Buch Ezechiel (Hes = Das Buch Hesekiel)
Dan	Das Buch Daniel
Hos	Das Buch Hosea

Joel	Das Buch Joel
Am	Das Buch Amos
Obd	Das Buch Obadja
Jona	Das Buch Jona
Mi	Das Buch Micha
Nah	Das Buch Nahum
Hab	Das Buch Habakuk
Zef	Das Buch Zefania
Hag	Das Buch Haggai
Sach	Das Buch Sacharja
Mal	Das Buch Maleachi

Neues Testament

Mt	Matthäusevangelium
Mk	Markusevangelium
Lk	Lukasevangelium
Joh	Johannesevangelium
Apg	Apostelgeschichte
Röm	Römerbrief
1 Kor	1. Korintherbrief
2 Kor	2. Korintherbrief
Gal	Galaterbrief
Eph	Epheserbrief
Phil	Philipperbrief
Kol	Kolosserbrief
1 Thess	1. Thessalonicherbrief
2 Thess	2. Thessalonicherbrief
1 Tim	1. Timotheusbrief
2 Tim	2. Timotheusbrief
Tit	Titusbrief
Phlm	Philemonbrief
Hebr	Hebräerbrief
Jak	Jakobusbrief
1 Petr	1. Petrusbrief
2 Petr	2. Petrusbrief
1 Joh	1. Johannesbrief
2 Joh	2. Johannesbrief
3 Joh	3. Johannesbrief
Jud	Judasbrief
Offb	Offenbarung des Johannes

Vorwort

Die »Bibel«, diese in mehr als 1200 Jahren entstandene und zusammengetragene Sammlung von Geschichten menschlicher Gotteserfahrung, ist über das seit dem Hellenismus in Morgen- und Abendland verbreitete Judentum, das Christentum und die Rezeption einer ganzen Reihe biblischer Motive aus *Altem* und *Neuem Testament* im Islam zu einem der wichtigsten Bücher der gesamten Menschheitsgeschichte geworden und hat, über Jahrtausende hinweg sowie alle Kontinente umspannend, Philosophie und Literatur, Bildende Kunst und Architektur, aber auch Sprache, Sitten und Alltag in unvorstellbarem Ausmaß geprägt oder beeinflusst; vom kirchlichen Kalender, der Jahr für Jahr den Bogen von Advent und Weihnachten zu Beginn zum Weltgericht am letzten Sonntag des Kirchenjahrs schlägt, über die Bibeltexte in wöchentlicher oder gar täglicher Messe und Predigt bis hin zur Bibel als Fibel, als einziger Grundlage für die Alphabetisierung ganzer Kulturen, ganz zu schweigen von der globalen Datierung aller Ereignisse nach »Christi Geburt«. Ohne sie sprächen wir nicht davon, dass etwas »am grünen Holz geschieht«, erstarrten wir nicht »zur Salzsäule« oder bauten etwas »auf Sand«, kennten wir keinen »haarigen Esau«, keinen »ungläubigen Thomas«, es gäbe keine »barmherzigen Samariter« und wir sprächen nicht von »Matthäi am Letzten«. Wenn Umberto Ecos William von Baskerville im *Namen der Rose* seinen Schüler Adson belehrt, dass es Bücher gebe, die sich nur mit Büchern unterhielten, und ihn so in die Intertextualität einführt, so ist zweifellos die Bibel *das* Werk, mit dem die gesamte christlich inspirierte Literatur seit der Spätantike immer wieder das Gespräch sucht.

Die folgende Einführung erzählt von der Entstehung der Bücher des *Alten* sowie des *Neuen Testaments*, von den Gattungen, zu denen ihre einzelnen Teile gehören, von der Geschichte, in deren Verlauf sie entstanden sind, und schaltet sich auch immer wieder exemplarisch in das unendliche Gespräch ein, das Literatur, Philosophie, Bildende Kunst samt ihren Schwestern mit diesem in der Weltliteratur einzigartigen Werk führen. Dass auch die existenzielle Botschaft, die diese Bücher von menschlicher Gotteserfahrung in über tausend Jahren für Milliarden von Menschen bis heute bedeutet haben und noch bedeuten, immer wieder angesprochen wird, versteht sich von selbst. Die »Gebildeten unter den Verächtern« dieser Botschaft, wie Friedrich Schleiermacher es einst formuliert hat, wird das nicht stören, pflegte doch auch Prinz Heinrich von Preußen, Bruder Friedrichs des Großen und im Gegensatz zu seinem großen Bruder geradezu militanter Atheist, gelegentlich in der Bibel zu lesen, aber nach Theodor Fontanes Bericht so, wie ein guter Anwalt die Schriftsätze der Gegenseite studiert.

Bibelstellen werden, wenn nicht anders vermerkt, nach *Die Bibel nach Martin Luthers Übersetzung – Lutherbibel revidiert 2017* zitiert.

Zu den Auszeichnungen:
Im Allgemeinen sind fremdsprachige Wörter *kursiv* gesetzt und deren Übersetzungen in ›einfache Anführungen bzw. Chevrons‹; des Weiteren sind Buchtitel, Literatur- und Kunstwerke *kursiv*. Alle anderen Hervorhebungen, Betonungen, Begriffe und Zitierungen sind in »normalen, doppelten Anführungen bzw. Chevrons«.

Das Werk stellt eine durchgehende umfassende Überarbeitung und Erweiterung meines vergriffenen Buchs *Schnellkurs Bibel* dar.

Die Bibel – Name, Entstehung, Überlieferung

Das Wort »Bibel«

Die letzte zu Martin Luthers Lebzeiten erschienene Ausgabe seiner Bibelübersetzung trägt 1545 den Titel: »Biblia: Das ist: Die gantze Heilige Schrifft / Deudsch / Auffs new zugericht. D. Mart. Luth.« Gut 400 Jahre später heißt es 1956 auf dem Titelblatt meiner Konfirmandenbibel: »Die Bibel oder die ganze Heilige Schrift des Alten und Neuen Testaments nach der deutschen Übersetzung D. Martin Luthers«.

Das ursprüngliche »Biblia« betont noch die Vielzahl der Texte, die »die gantze Heilige Schrifft« ausmachen, denn *biblia* ist der Plural des griechischen *biblion,* was ›Buch‹ oder zumeist, antiker Praxis gemäß, ›Schriftrolle‹ bedeutet. Ein solches *biblion* wird Jesus zum Beispiel in der Synagoge seiner Heimatstadt Nazareth vom Synagogendiener in die Hände gegeben; es ist die Rolle mit den Worten des Propheten Jesaja (Lk 4,16 ff.). Die Sammlung solcher Rollen erhielt den neutralen Titel »Biblia«, also ›Bücher‹, bis man den griechischen Plural eines Neutrums als Singular eines lateinischen Femininums auffasste und aus den *biblia* die »Bibel« wurde. Sie ist somit im Wortsinne ein »Buch der Bücher«.

Die beiden »Testamente«

Meine Konfirmandenbibel differenziert noch stärker; die »ganze Heilige Schrift« besteht aus zwei Teilen, dem *Alten* und dem *Neuen Testament.*

Diese Begriffe begegnen schon beim Apostel Paulus; den Begriff »Neues Testament« lernte er schon nach seiner Bekehrung kurz nach Jesu Tod kennen, als ihm Jesu Wort beim letzten Abendmahl überliefert wurde: »Dieser Kelch ist das neue Testament in meinem Blut« (1 Kor 11,23–25). Die Jünger Jesu begriffen sich als Volk eines neuen Bundes, gestiftet von Gott in der Menschwerdung, dem Tod und der Auferstehung seines Sohnes. Dieser Bund war vom Propheten Jeremia (Jer 31,31) verheißen worden und schien jetzt eingelöst:

> Siehe, es kommt die Zeit, spricht der Herr, da will ich mit dem Hause Israel und mit dem Hause Juda einen neuen Bund schließen; nicht wie der Bund gewesen ist, den ich mit ihren Vätern schloss, als ich sie bei der Hand nahm, um sie aus Ägyptenland zu führen, mein Bund, den sie gebrochen haben, ob ich gleich ihr Herr war, spricht der Herr; sondern das soll der Bund sein, den ich mit dem Hause Israel schließen will nach dieser Zeit, spricht der Herr: Ich will mein Gesetz in ihr Herz geben und in ihren Sinn schreiben, und sie sollen mein Volk sein, und ich will ihr Gott sein. Und es wird keiner den andern noch ein Bruder den andern lehren und sagen: »Erkenne den Herrn«, denn sie sollen mich alle erkennen, beide, Klein und Groß, spricht der Herr; denn ich will ihnen ihre Missetat vergeben und ihrer Sünde nimmermehr gedenken. (Jer 31,31–34)

Entsprechend schreibt Paulus im Galaterbrief 4,24 von den *dyo diathekai*, was Luther mit ›die zwey Testament‹ übersetzt, seiner einheitlichen Übersetzung für den zentralen Begriff der israelitischen Theologie, hebräisch *berit*, griechisch *diatheke*, der in der revidierten Lutherbibel von 2017 jetzt mit ›Bund, Bundesschluss‹ wiedergegeben wird. Gott hat mit den Menschen immer wieder einen solchen Bund geschlossen und erneuert, mit Noah, dass er nie wieder die Erde durch eine Sintflut vernichten werde (1 Mose 9,1–17), mit Abraham, dass er seine Nachkommen zu einem großen Volk machen werde, mit diesem Volk dann bei der Befreiung aus Ägypten – auf diesen Bund bezieht sich Jeremia – und erneut mit der Gesetzgebung an Mose und das Volk in der Wüste am Sinai (2 Mose 20 ff.). Wenn Luther im Neuen Testament das griechische *diatheke* mit ›Testament‹ übersetzt, was es neben ›Bund, Vertrag‹ auch bedeuten kann, so betont er damit die Einseitigkeit der Verfügung Gottes: Gottes Bundesschlüsse sind kein Bündnis, kein Pakt, sondern eine einseitige Verfügung, die den menschlichen Partnern zugesagt oder lediglich eröffnet wird – wie ein Testament.

Und noch etwas kommt hinzu: Testamente bedürfen der Schriftform. Gott hat seinen Willen aufgeschrieben oder aufschreiben lassen, und die Gesamtheit der Schriften bis hin zu Jesus bilden das *Alte Testament*, die über Jesus das *Neue Testament*. So gebraucht schon Paulus den Begriff, wenn er vom Vorlesen der *palaia diatheke*, des ›Alten Testaments‹ spricht (2 Kor 3,14, in der revidierten Übersetzung ›dem alten Bund‹). Luther braucht »Testament« ausnahmslos in dieser Doppelbedeutung, die für ihn ein und dieselbe ist: Bei ihm geht es nicht darum, dass der Inhalt für das Buch steht (ein sogenanntes »pars pro toto«: »Ich lasse den Faust binden«), sondern die Schriften sind die Sache selbst: Der Alte Bund *ist* das *Alte Testament* und der Neue das *Neue Testament*. Gott handelt durch das Wort, und sein Wort ist ganz konkret die »Heilige Schrift«, schriftlich niedergelegt in den beiden »Testamenten«, in denen Gott allein den Menschen begegnet.

UNTERSCHIEDE IM SCHRIFTVERSTÄNDNIS

Luthers Auffassung ist im Ganzen die der reformatorischen Kirchen. Für die Katholische Kirche gilt diese Ausschließlichkeit nicht; in ihr begegnet Gott auch in der von ihm eingesetzten Kirche, die ihrerseits zum Beispiel die Sakramente verwaltet, während für Luther die »Schrift« auch die Herrin der Sakramente ist, weshalb er nur die Sakramente gelten lässt, die von Jesus selbst gestiftet wurden. Das jüdische Schriftverständnis kommt dem Luthers sehr nahe: Die »Schrift« ist in ihrer Materialität von dinglicher Heiligkeit, weshalb die in der Synagoge verwendeten Schriftrollen regelrecht beerdigt werden, wenn sie durch äußere Beschädigungen unbrauchbar geworden sind.

»ALTES TESTAMENT«, »ERSTES TESTAMENT«, »JÜDISCHE BIBEL«, »TANACH«

Der Ausdruck »Altes Testament« ist zum einen missverständlich – im Horizont des Christentums –, zum anderen verletzend – im Horizont des Judentums. »Alt« und »neu« bedeuten im christlichen Verständnis nicht etwa ›überholt‹ und ›gültig‹; allenfalls kann man von einem »Aufheben« des Alten durch das Neue im Sinne Hegels sprechen. Im Neuen Testament wird also das Alte zwar negiert, aber zugleich bewahrt und auf eine höhere Stufe gehoben. Man hat deshalb den Begriff »Erstes Testament« statt »Altes Testament« vorgeschlagen.

Gravierender noch: Beide Bezeichnungen bedeuten ein massives Eigentumsvergehen, das für Juden tief verletzend ist: Zunächst und eigentlich ist das *Alte Testament* ausschließlich die jüdische Bibel, in der für den Juden Gottes Handeln an seinem Volk bezeugt ist. »Altes Testament« wird es erst in der christlichen Lesart, nach der es im »Neuen Testament« seine Ergänzung und Erfüllung gefunden hat. Der Christ mag dies so sehen; es gibt ihm jedoch kein Recht, dem Volk das Buch wegzunehmen, das es als seine Begegnung mit Gott aufgeschrieben hat und dessen Gedächtniskultur es darstellt.

Nach Maurice Halbwachs, Jan und Aleida Assmann meint »Gedächtniskultur« die Summe der »Gedächtnisorte«, in denen ein Volk seine Herkunft, Geschichte, Kultur, Wesenheit u. ä. gestaltet, aufbewahrt, konkretisiert sieht, kurz »erinnert«. Für die Juden ist dies neben der Klagemauer, dem letzten Rest des Zweiten Tempels als letztem Zeugen ihrer materiellen Kultur, ausschließlich die Sammlung ihrer Heiligen Schriften; die Juden verstehen sich als Volk des Buches. Indem etwa Juden selber für den NS-Völkermord an ihrem Volk den Begriff »Shoah«, griech. *holokauston*, ›Brandopfer, Ganzopfer‹ gewählt haben, knüpfen sie bewusst an den ersten Holokaust der Bibel an: Gott fordert von Abraham die Opferung seines einzigen Sohnes Isaak als *shoah*, als *holokauston* auf dem Berg, der später als der Tempelberg angesehen wird, und droht so mit der Vernichtung seines Volks noch vor dessen Entstehung. (1 Mose 22,1–14)

Will man diesem Buch gerecht werden, muss man es als »Jüdische Bibel« bezeichnen, oder mit einem im Judentum gebräuchlichen Kunstwort als »Tanach«. Das Wort ist gebildet aus den Anfangsbuchstaben der drei Teile der hebräischen Bibel: 1) *Tora* (= ›Gesetz‹, die fünf Bücher Mose) 2) *Nebiim* (= ›Propheten‹) 3) *Ketubim* (= ›Schriften‹); das »K« wird guttural als »Ch« gesprochen. Diese Einteilung unterscheidet sich stark von jener der christlichen Bibeln, wobei die Reihenfolge gleichzeitig eine Hierarchisierung darstellt.

A
Die hebräische Bibel

I Allgemeine Fragen

Die Bücher Mose

Von schlechthin einzigartiger, unüberbietbarer Bedeutung ist für den Juden die *Tora,* d. h. die fünf *Mosebücher.* Im Hebräischen werden sie nach ihren Anfangswörtern benannt: »Am Anfang«, »Namen«, »Er rief«, »In der Wüste«, »Worte«; daneben sind die aus den Inhalten genommenen griechischen Bezeichnungen weit verbreitet: *Genesis* (›Anfang‹), *Exodus* (›Auszug‹ aus Ägypten), *Levitikus* (›Priesterliche Schrift‹), *Arhithmoi* (›Numeri, (Volks) zählungen‹), *Deuteronomion* (›Abschrift, Wiederholung‹ des Gesetzes vom Sinai). Die Einteilung war technisch notwendig, weil der Umfang den einer Schriftrolle bei Weitem sprengte, erfolgte aber inhaltlich, mit jeweils deutlich markiertem Anfang und einem ebensolchen Ende. Insgesamt schließt dieser *Pentateuch* (von griech. *Biblos pentateuchos,* ›fünfteiliges Buch‹) mit einem die Einzigartigkeit betonenden Nachruf auf Mose:

> Und es stand hinfort kein Prophet in Israel auf wie Mose, den der Herr erkannt hätte von Angesicht zu Angesicht, zu allerlei Zeichen und Wundern, mit denen der Herr ihn gesandt hatte, dass er sie täte in Ägyptenland am Pharao und an allen seinen Großen und an seinem ganzen Lande und mit all der mächtigen Kraft und den großen Schreckenstaten, die Mose vollbrachte vor den Augen von ganz Israel. (5 Mose 34, 10–12)

Als sich die JHWH-Verehrer in Samaria, dem früheren Nordreich Israel, Ende des vierten Jahrhunderts v. Chr. von Jerusalem abspalten (s. S. 68), sind die »Propheten« und die »Schriften« noch nicht als heilige Bücher gesammelt, weshalb in Samaria allein die *Tora,* deutsch das ›Gesetz‹, als Wort und Schrift Gottes gilt. Da wir als deutsche Leser kaum umhin kommen, bei »Gesetz« an die Grundbedeutung ›amtlich Gebotenes‹ zu denken, muss sich der deutsche Leser stets klarmachen, dass in der Bibel mit »Gesetz« stets die *Tora,* also der *Pentateuch* oder die ›fünf Bücher Mose‹ gemeint sind.

Die hebräischen Bücher der »Propheten«

Den zweiten Teil der hebräischen Bibel bilden die »Propheten«. Er umfasst die *Bücher Josua, Richter, Samuel* und die *Königsbücher* als »vordere Propheten« und die eigentlichen Propheten der christlichen Bibel als »hintere Propheten«, denen die drei »großen« Propheten Jesaja, Jeremia, Ezechiel in Entsprechung zu den drei Erzvätern Abraham, Isaak und Jakob vorangestellt sind. Ihnen folgt die Rolle mit den zwölf »kleinen« Propheten in Analogie zu den zwölf Söhnen Jakobs, das *Zwölfprophetenbuch*.

Auch historische Bücher der christlichen Bibel erscheinen hier eingeordnet; dies liegt daran, dass sie ebenfalls von Propheten im weiteren Sinne handeln. Dabei wird die Unterordnung unter Mose von vornherein deutlich betont: Mose legt Josua als seinem Nachfolger die Hand auf und dieser wird »erfüllt mit dem Geist der Weisheit«. Gott selbst ernennt ihn zu Moses Nachfolger: »Wie ich mit Mose gewesen bin, so will ich auch mit dir sein« (Jos 1,5), ordnet ihn aber gleichzeitig dessen bleibender Autorität unter:

> Sei nur getrost und ganz unverzagt, freudig, dass du hältst und tust in allen Dingen nach dem Gesetz, das dir Mose, mein Knecht, geboten hat. Weiche nicht davon, weder zur Rechten noch zur Linken, auf dass du es recht ausrichten kannst, wohin du auch gehst. Und lass das Buch dieses Gesetzes nicht von deinem Munde kommen, sondern betrachte es Tag und Nacht, auf dass du hältst und tust in allen Dingen nach dem, was darin geschrieben steht. Dann wird es dir auf deinen Wegen gelingen und du wirst es recht ausrichten. (Jos 1,7 f.)

Auf diese Weise werden die »Propheten«-Bücher gleich an ihrem Anfang mit der *Tora* verklammert und an ihre unaufhebbare Autorität zurückgebunden. So eindrucksvoll wie der »Propheten«-Teil beginnt, so feierlich schließt er auch, wieder mit Rückblick und Ausblick:

> Gedenket an das Gesetz meines Knechtes Mose, das ich ihm befohlen habe auf dem Berge Horeb fürs ganz Israel, an alle Gebote und Rechte! Siehe, ich will euch senden den Propheten Elia, ehe der große und schreckliche Tag des HERRN kommt. Der soll das Herz der Väter bekehren zu den Kindern, und das Herz der Kinder zu ihren Vätern, auf dass ich nicht komme und das Erdreich mit dem Bann schlage. (Mal 3, 22–24)

Die Geschichte Gottes mit seinem Volk ist eine offene Geschichte, sie geht weiter bis zum hier beschriebenen *Eschaton*, dem von Gott zukünftig gewirkten ›Weltende‹. An die Stelle der Prophetie tritt in den letzten Tagen vor dem von Maleachi verkündeten »großen und schrecklichen Tag des Herrn« die Apokalyptik als Lehre von den letzen Dingen (s. S. 129). Das Christentum wird diesen im *Neuen Testament* häufiger zitierten Maleachi-Schluss, der in der Anordnung der griechischen Übersetzung (s. S. 130 f.) ans Ende des Ersten Testaments und damit an die Nahtstelle zum *Neuen Testament* geraten ist, auf Johannes den Täufer und Jesus beziehen.

Der Begriff »Prophet«

Der Titel eines Propheten ist im *Alten Testament* ausgesprochen vieldeutig und kann ganz allgemein ›Gottesmann‹ bedeuten. So werden etwa Abraham, Aaron, Mose und Samuel als Propheten bezeichnet. Die frühesten Propheten im engeren Sinne, von denen wir wissen, sind Elia und Elisa aus den *Königsbüchern*. Als »Gottesmänner« sind sie Wundertäter (1 Kön 17,12 ff.; 2 Kön 4; 6,1–7), Wunderheiler (2 Kön 5), ja sogar Regenmacher (1 Kön 18,41–46).

Die Bedeutung, an die man heute zuerst denkt, die der Zukunftsschau, ist nur eine unter vielen: Diese Funktion hatten ursprünglich »Seher«, weshalb es in 1 Sam 9,9 heißt: »Die man jetzt Propheten nennt, nannte man Seher.« Das hebräische Wort *nabi*, im Plural *nebiim*, ist verwandt mit dem Verb für »rufen« und kann ebenso ›Rufer‹ wie ›Berufener‹ bedeuten. Dieses »Rufen« hat jedoch auch ekstatische, be-geist-erte Züge: Der Prophet steht unter der Gewalt des Gottesgeistes; aus ihm spricht Gott. Der jüdische Schriftsteller Josephus definiert gegen Ende des ersten Jahrhunderts n. Chr. Propheten als die, »welche von den ältesten Ereignissen der Vorzeit durch göttliche Inspiration unterrichtet sind und das Geschehen der eigenen Zeit so geschildert haben, wie es sich zugetragen hat«.

So verkündet der Prophet Gottes Willen, indem er mit Autorität etwa die *Tora* auslegt, und so kann er auch die Zukunft deuten, aber nicht als festgelegt, sondern als dynamisch. In der berühmten Prophetenlegende um Jona wird der Prophet geschickt, um Ninive den Untergang zu verkünden. Er will sich dem Auftrag entziehen, weshalb ihn ein Fisch dorthin transportieren muss, sodass er letztlich doch Gottes Auftrag erfüllt. Auf seine Untergangspredigt hin tut ganz Ninive überraschend Buße, und der Herr verschont die Stadt. Der Prophet fühlt sich als Lügner hingestellt und hadert mit Gott als dem Auftraggeber. Jedenfalls ist der, der die Zukunft voraussagt, immer Gott selbst.

Jede andere Zukunftsdeutung war in Israel streng verboten. Wenn Joseph in der berühmten Geschichte (s. S. 56) die Träume des Pharaos deutet, betont er, Traumdeutung stehe ihm nicht zu; er erläutere lediglich, was Gott dem Pharao verkünde (1 Mos 41,16 u. 28). Astrologie, Totenbeschwörung – etwa in der Geschichte 1 Sam 28, in der der verzweifelte Saul gegen sein eigenes Verbot inkognito die Hexe von Endor aufsucht, um Samuels Geist zu beschwören –, jegliche Form des Orakels, der Glaube an Glücks- oder Unglückstage oder -zahlen waren in Israel verpönt. Abgesehen vom Glauben an Gottes lebendiges Wort herrschte Aufklärung. Dass sich das nur mühsam durchsetzen ließ und im Alltag immer wieder esoterisch unterlaufen wurde – sonst würden die Propheten nicht so dagegen wettern –, steht auf einem anderen Blatt.

Um sich nicht mit einer »unendlichen Geschichte« konfrontiert zu sehen, erklärte das Synedrium in Jerusalem die Prophetie im zweiten Jahrhundert v. Chr. für erloschen; Esra, der jüngste Autor der hebräischen Bibel, wurde zum letzten Propheten; Weiteres wurde nicht mehr offiziell überliefert. Dass die »Prophetie« faktisch weiterging, zeigen die zusätzlichen Schriften der griechisch überlieferten *LXX* (s. S. 30) und ein Teil der Funde bei Qumran (s. S. 129). Dort fanden sich z. B. über die 150 bekannten hinausgehende Psalmen, darunter zwei, die schon aus der syrischen Tradition bekannt waren – ihnen gegenüber blieb der jüdische Kanon gemäß dem Beschluss des Hohen Rats verschlossen. Natürlich sind auch die Schriften des *Neuen Testaments* in der Tradition einer solchen weiterlaufenden Offenbarung zu sehen.

Das Bedürfnis nach einem definitiven Abschluss zeigen auch die beiden anderen auf dem Gott Israels aufbauenden Offenbarungsreligionen: Die Christen bekennen Jesus Christus als »Gottes eingeborenen (= als einzigen geborenen) Sohn« und die Muslime Mohammed als »das Siegel der Propheten«.

Ketubim (›Schriften‹)

Im Unterschied zur christlichen Bibel fehlt *Daniel* bei den »großen« Propheten, er folgt in der dritten Abteilung, den »Schriften«. Sie umfassen die *Psalmen*, das *Buch Hiob*, die *Sprüche Salomos*, das *Buch Rut*, das *Hohelied*, *Prediger Salomo* (hebr. *Kohelet*, griech. und lat. *Ecclesiastes*), die *Klagelieder* (die in der christlichen Bibel zu *Jeremia* gewandert sind), *Esther*, *Daniel*, *Esra*, *Nehemia* und das *1.* und *2. Buch der Chronik*. Zum einen sind das Bücher, in denen nicht Gott, sondern der Mensch spricht; zum andern fanden späte Bücher Platz in diesem Teil, der den beiden anderen wiederum in Rang und Anspruch nachgeordnet ist. Diese Texte kommen als Lesungen im Synagogengottesdienst nicht vor, mit Ausnahme von fünf »Festrollen«, die bestimmten Festen zugeordnet sind – *Rut* dem Wochenfest, das *Hohelied* dem Passah, der *Prediger* dem Laubhüttenfest, die *Klagelieder* dem Gedenktag der Tempelzerstörung und *Esther* dem Purimfest.

Das *Buch Esther* etwa ist eine typische Sage oder Legende aus der israelischen Geschichte: Der Perserkönig Ahasveros-Xerxes verstößt seine ungehorsame Gemahlin und »testet« dann Nacht für Nacht Jungfrauen, darunter auch die Jüdin – was niemand weiß – Esther, die zu seiner Lieblingsfrau wird. Im Auftrag ihres Pflegevaters Mardechai warnt sie den König vor dem Attentat zweier Hofbeamter und nennt ihm den Namen des Warners. Der Kanzler des Reichs ist aber über eben diesen Mardechai erzürnt, weil der als frommer Jude vor ihm nicht die Knie beugt. Durch eine Intrige erlistet er sich die königliche Order, alle Juden im Perserreich zu ermorden, verfängt sich aber letztlich in der eigenen Schlinge. Mardechai wird sein Nachfolger und lässt nunmehr alle Judenfeinde ausrotten. Auf den für das Pogrom ausgelosten Tag – *pur*, ›das Los‹; *purim*, ›die Lose‹ – wird für alle Zeiten das Purimfest gestiftet, ein auf ein wohl ursprünglich heidnisches Fest in der Diaspora zurückgehendes jüdisches Volks- und Kinderfest. (zu *Rut* s. S. 55, zu den *Klageliedern* S. 69, zum *Prediger* S. 118 und zum *Hohelied* S. 126)

Auch in diesem dritten und letzten Teil des *Tanach* findet sich erneut ein betonter Anfang und ein triumphaler Schluss, und wieder bezieht sich der Anfang zurück auf die *Tora*: So hebt der *Psalter* als das die »Schriften« eröffnende Buch mit einer feierlichen Seligpreisung an:

> Wohl dem, der nicht wandelt im Rat der Gottlosen/
> noch tritt auf den Weg der Sünder
> noch sitzt, wo die Spötter sitzen,/
> sondern hat Lust am Gesetz des Herrn/
> und sinnt über seinem Gesetz Tag und Nacht! (Ps 1,1 f.)

Der Schluss aber verkündet das Ende des babylonischen Exils 538, verheißt den Neubau des Tempels 520–516 v. Chr. und proklamiert durch den Mund des Kyros JHWH nicht als Gott Israels, sondern als Herrn der Weltgeschichte:

> So spricht Kyros, der König von Persien: Der Herr, der Gott des Himmels, hat mir alle Königreiche der Erde gegeben, und er hat mir befohlen, ihm ein Haus zu bauen zu Jerusalem in Juda. Wer nun unter euch von seinem Volk ist, mit dem sei der Herr, sein Gott, und er ziehe hinauf! (2 Chr 36, 23)

Anführung der jüdischen Bibel im *Neuen Testament*

Die Spuren dieses hebräischen Kanons finden sich überall im *Neuen Testament*. Wenn generell von »der Schrift« die Rede ist, meint man die hebräische Bibel, die die Bibel Jesu und der Urgemeinde war. Wenn Jesus aber in der Bergpredigt sagt »Denn wahrlich, ich sage euch: Bis Himmel und Erde vergehen, wird nicht vergehen der kleinste Buchstabe noch ein Tüpfelchen vom Gesetz, bis alles geschieht« (Mt 5,18), meint er deren vornehmsten Teil, die *Tora*. Da der Ausdruck »Gesetz«, wie bereits gesagt, im Deutschen leicht missverstanden werden kann, sei ausdrücklich betont: Hier ist, wie stets, wenn absolut vom »Gesetz« geredet wird, die *Tora* gemeint, die fünf Bücher Mose als herausragendster Teil der »Schrift«, nicht etwa der Luther'sche Gegensatz »Gesetz und Evangelium« oder irgendwelche Gebote.

Im Vers davor erweitert Jesus diese Formel auf die ersten beiden Teile der hebräischen Bibel: »Ihr sollt nicht meinen, dass ich gekommen bin, das Gesetz oder die Propheten aufzulösen; ich bin nicht gekommen aufzulösen, sondern zu erfüllen.« Der Auferstandene bezieht sich dann sogar ausdrücklich auf alle drei Schriftteile: »Es muss alles erfüllt werden, was von mir geschrieben steht im Gesetz des Mose und in den Propheten und Psalmen« (Lk 24,44b).

Der Kanon der hebräischen Bibel

Das lateinische Wort *canon* bedeutet ›Richtmaß, Richtschnur‹. In unserem Zusammenhang meint es die begrenzte Anzahl der Schriften, die in einer bestimmten Gemeinschaft allein als heilig gelten, bei den Samaritanern beispielsweise nur die *Tora*. Im Judentum galt als »heilig« mit großem Vorrang die *Tora*, dann als deren Ausleger die »Propheten« und schließlich in geringerem Maße die »Schriften«. Einmal festgelegt, sperrt sich ein Kanon seiner Natur gemäß gegen Erweiterungen. Durch unterschiedliche Buchzusammenlegungen kommt der jüdische Autor Flavius Josephus (ca. 37–100) auf 22 Bücher, der Anzahl der Buchstaben im hebräischen Alphabet entsprechend, die außerkanonische Schrift *4. Esra* zählt dieselben Schriften mit 24, also 2 × 12. Der Kanon der griechischen Fassung der jüdischen Bibel, der *LXX* (s. dazu S. 30), ist dagegen umfangreicher und kennt noch die historischen Bücher *Judit*, *Tobit*, Erweiterungen zu *Esther* und die beiden Bücher der *Makkabäer*, bei den Propheten zusätzlich *Baruch* und Erweiterungen zu *Daniel*, bei den Lehrbüchern noch die *Weisheit Salomos* und das *Buch Jesus Sirach*.

Da dieser erweiterte Kanon über die in der katholischen Kirche maßgebliche lateinische Übersetzung des Hieronymus, die *Vulgata* (= ›die im Volk verbreitete‹), dort Gültigkeit erlangte, unterscheiden sich protestantischer und katholischer Kanon. Luther hat diese Teile als »Apokryphen« (= ›verborgene, geheime Schriften‹) übersetzt und seinem *Alten Testament* angehängt. Er bewertete sie als »Bücher: so der heiligen Schrift nicht gleich gehalten / und doch nützlich und gut zu lesen sind«. Da man mit Apokryphen eigentlich außerkanonische, zeitweise verbreitete, aber nicht offiziell anerkannte Schriften bezeichnet, verwendet man wegen der Abweichung vom jüdischen Kanon jetzt die Bezeichnung »deuterokanonische« Schriften (= ›einem zweiten Kanon angehörig‹).

Der Ausdruck »unter aller Kanone« ist eine scherzhafte studentische Übersetzung von *sub omni canone* (= ›unter allen Bewertungsmaßstäben‹).

Die griechische Übersetzung

Nachdem mit dem Untergang des Persischen Reiches das frühere Israel und jetzige Palästina erst unter makedonische Herrschaft, dann zumeist unter die der Alexander dem Großen in Ägypten nachfolgenden Ptolemäer kam, verbreiteten sich die Juden schnell in den von der hellenistischen Kultur geprägten Ländern rund ums Mittelmeer, der damals sogenannten *oikoumene,* d. h. der bewohnten Welt – andere Gegenden zählten nicht. Dabei ergab sich schon sehr bald das Bedürfnis, die Heilige Schrift auch auf Griechisch zu besitzen, in der *koine* (= ›die Allgemeine‹) genannten Verkehrssprache dieser Welt. Wie auch Grabsteine und Synagogeninschriften bezeugen, ging in den Kreisen der jüdischen »Diaspora« (= ›Zerstreuung‹) häufig die Kenntnis des Hebräischen verloren oder war, zumindest was Lesen und Schreiben anging, stark eingeschränkt. Im Zuge der ptolemäischen Religionspolitik, der auch die Minderheiten wichtig waren – man denke an das heutige Bemühen um einen staatlich organisierten Islam-Unterricht in deutscher Sprache –, soll Ptolemaios II. Philadelphos (reg. 282–246 v. Chr.) in Alexandria, dem geistigen Zentrum des Hellenismus, die Übersetzung der maßgeblichen *Tora,* der fünf Bücher Mose angeordnet haben. Der späteren Legende zufolge wurden damit je sechs Männer aus jedem der zwölf Stämme Israels ausgewählt, die den Text für alle Zeit verbindlich gemeinsam übersetzt haben. In der spätesten Form der Legende taten sie es sogar unabhängig voneinander, und, siehe da, alle Texte waren identisch, also über jeden Zweifel erhabene Entsprechungen des Originals. Abrundend wurden diese 72 Übersetzer griech. *hoi hebdomakonta,* lat. *Septuaginta,* d. h. ›die Siebzig‹ genannt. Nach und nach entstanden auch Übersetzungen der anderen Bibelteile, sodass gegen Ende des ersten Jahrhunderts n. Chr. eine vollständige griechischsprachige jüdische Bibel vorlag, auf die dann die Bezeichnung für ihre legendären Verfertiger überging, die *Septuaginta,* allgemein abgekürzt mit den lateinischen Zahlzeichen *LXX.* Genau wie bei »Biblia« wird der ursprüngliche Plural als Singular gebraucht.

Die *LXX* enthält zum einen mehr Bücher als die hebräische Bibel – zum Teil solche, die auf Griechisch verfasst worden sind – und bezeugt so das lebendige Weiterwachsen des keineswegs abgeschlossenen Kanons (s. o.), zum anderen ordnet sie die

Bücher anders an, wohl aufgrund des in Alexandria weiterentwickelten Verständnisses für literarische Gattungen. Der erste Teil enthält das große Geschichtswerk von den fünf *Büchern Mose* bis zu den *Königsbüchern*, also von der Erschaffung der Welt bis zum babylonischen Exil. Da die Landverheißung an Abraham erst mit der Landnahme im *Buch Josua* ihre Erfüllung findet, hat man auch vom *Hexateuch* (›Sechsbuch‹) gesprochen und wegen der durchgehenden erzählerischen Kontinuität zusammen mit den Büchern *Richter, Samuel* und *Könige* vom *Enneateuch* (›Neunbuch‹). Als deuterokanonisches Geschichtswerk enthält die *LXX* noch die *Makkabäerbücher*, führt also bis ins zweite Jahrhundert v. Chr. Das kleine, in sich geschlossene *Buch Rut* wurde chronologisch zwischen *Richter* und *1. Samuel* eingeordnet, weil es die Herkunft und Geburt von Davids Großvater Obed schildert. Der mittlere Teil enthält die Dichtungen von Hiob über die *Psalmen* bis zu den verschiedenen z. T. an Salomon angelehnten Spruchsammlungen und der dritte Teil dann die prophetischen Bücher, d. h. die Sammlungen von Gott berufener Gottesmänner, die für die eigene Zeit vollmächtig die *Tora* auslegen und nach christlichem Verständnis auf Jesus vorausweisen (s. o.).

Die Stellung der jüdischen Religion im Hellenismus

Diese Übersetzung in die Universalsprache der hellenistischen Kultur war weit mehr als ein innerjüdischer Vorgang. In einer Zeit des schwindenden bzw. geschwundenen Götterglaubens, der Mysterienkulte, der kynischen und stoischen Popularphilosophen, kurz, des allgemeinen Suchens, lag mit einem Mal ein Buch vor, das einen einzigen, noch dazu unsichtbaren Gott als alleinigen Herrn der Weltgeschichte verkündete, in dessen Hand die Herzen der Könige wie Wasserbäche sind, die er leitet, wohin er will (Spr 21,1), und der sich zugleich in einer hochentwickelten Ethik ausspricht. Gleich der erste Satz ist gegenüber allem Zeitgenössischen völlig neuartig: »Im Anfang schuf ›der‹ Gott den Himmel und die Erde.« Seitdem sind nicht nur eigentliche Übertritte zum Judentum bezeugt, sondern vor allem »Gottesfürchtige« (M. Luther), Personen unterschiedlichster Herkunft, die der jüdische Monotheismus und die jüdische Ethik anzogen, die das Passahfest in Jerusalem feierten und die Schrift studierten. Der bekannteste unter ihnen ist der hohe äthiopische Beamte, von dem Lukas in der Apostelgeschichte berichtet:

> Und siehe, ein Mann aus Äthiopien, ein Kämmerer und Mächtiger am Hof der Kandake, der Königin von Äthiopien, ihr Schatzmeister, war nach Jerusalem gekommen, um anzubeten. Nun zog er wieder heim und saß auf seinem Wagen und las den Propheten Jesaja. Der Geist aber sprach zu Philippus: Geh hin und halte dich zu diesem Wagen! Da lief Philippus hin und hörte, dass er den Propheten Jesaja las, und fragte: Verstehst du auch, was du liest? Er aber sprach: Wie kann ich, wenn mich nicht jemand anleitet? Und er bat Philippus, aufzusteigen und sich zu ihm zu setzen. Die Stelle aber der Schrift, die er las, war dieser (Jesaja 53,7–8): »Wie ein Schaf, das zur Schlachtung geführt wird, und wie ein Lamm, das vor seinem Scherer verstummt, so tut er seinen Mund nicht auf. In seiner Erniedrigung wurde sein Urteil aufgehoben. Wer kann seine Nachkommen aufzählen? Denn sein Leben wird von der Erde weggenommen.« Da antwortete der Kämmerer dem Philippus und sprach: Ich bitte dich, von wem redet der Prophet das, von sich selber oder von jemand anderem? Philippus aber tat seinen Mund auf und fing mit diesem Schriftwort an und predigte ihm das Evangelium von Jesus. (Apg 8,27 f.)

In den Synagogen der asiatischen und europäischen Städte gehörten diese »Gottesfürchtigen«, von denen die Bibel spricht, oft zu den ersten Adressaten des Apostels Paulus auf seinen Missionsreisen (vgl. etwa Apg 13,16).

Wichtig war die Anschlussfähigkeit des hellenistischen Judentums an die populärste Philosophie der Zeit, die Stoa: Vor einem weitgehend entgötterten Himmel lehrten die Stoiker die Existenz eines Letzten in der Rückbindung an eine persönliche Ethik: Radikale Unabhängigkeit von Macht, Reichtum, Fürsten- oder Wählergunst, Freimut des Auftretens, kurz, eine innere Freiheit, sind dem Individuum nicht zu nehmen. *Qui potest mori non potest cogi* (Seneca: ›Wer sterben kann, kann zu nichts gezwungen werden‹). Diese von einem Ich in völliger Freiheit gelebte Ethik ist mit dem Glauben an einen jenseitigen ethisch fordernden Gott als Quelle solcher Freiheit, die durchaus ins Martyrium führen kann, vereinbar. Der Apostel Paulus wird in der von ihm gelehrten Ethik mit der Stoa so weit übereinstimmen, dass wohl im vierten Jahrhundert ein Briefwechsel zwischen Seneca und ihm erfunden wurde (s. S. 175).

Überlieferung der biblischen Texte

Es überrascht immer wieder, wie spät meist die Handschriften entstanden sind, die uns Werke antiker Autoren überliefern. Aufgrund der maßgeblichen Rolle des Christentums schon in der Spätantike ist die Überlieferungslage für die Bücher der christlichen Bibel, zu der von Anfang an die *LXX* gehörte, außergewöhnlich günstig. Hier haben wir in der neuen Form des »Kodex«, des gebundenen Buches aus Pergamentseiten, schon Vollbibeln aus dem vierten Jahrhundert n. Chr. (*Codex Sinaiticus, Codex Vaticanus*; wichtig auch der *Codex Alexandrinus*, 5. Jh. Zum Vergleich: Vom Tragiker Sophokles haben wir erst Handschriften weit nach der Jahrtausendwende). Die älteste vollständige hebräische Bibelhandschrift entstand 1008 n. Chr. (*Codex Petropolitanus*) und ist das Ergebnis eines mit der Zerstörung Jerusalems 70 n. Chr. und der Diaspora (= Zerstreuung, nämlich der jüdischen Einwohner) einsetzenden Normierungsprozesses. Gelehrte bemühten sich, für das Volk der Schrift eine einheitliche Textgrundlage zu schaffen, die dem in der Bibel selbst enthaltenen Gebot, bei Gottes Wort dürfe weder etwas hinzugefügt noch etwas weggetan werden (5 Mose 4,2; 12,32), entsprach. Im Hebräischen werden allein die Konsonanten geschrieben; die Vokalisierung regelte die Tradition. Als diese nun aber abzureißen drohte, wurde zum einen durch umfängliche statistische Maßnahmen der Konsonantentext für immer einheitlich gesichert, zum andern durch Punktation die Vokalisierung festgeschrieben. In diesem Prozess sind nahezu alle Varianten untergegangen, d. h. der ab 1000 n. Chr. greifbare einheitliche Text war nicht schon immer so, sondern ist systematisch vereinheitlicht worden. Das zeigen Abweichungen der *LXX*-Texte, die noch nicht normierte Vorlagen benutzt haben, vor allem aber die Funde bei Qumran (s. S. 129), die den Textstand – besser: die Textstände – im ersten Jahrhundert n. Chr. bezeugen. Ein überlieferungsgeschichtlicher Glücksfall war auch der Fund hebräischer Schriftrollen aus dem 6. bis 8. Jahrhundert in der Abstellkammer einer Kairoer Synagoge.

Wir müssen grundsätzlich von der Vorstellung Abschied nehmen, ein Buch der Hebräischen Bibel habe einen Autor, der irgendwann »letzte Hand« an sein Werk gelegt habe, und wir könnten nun im kritischen Vergleich der Handschriften diesen einen »Urtext« wiederherstellen. Stattdessen müssen wir auf allen Stufen mit einer Mehrzahl von Verfassern, Redaktoren, inspirierten Abschreibern, Überlieferungen in verschiedenen Schulen und ähnlichem rechnen, bei der ein einheitlicher Text nicht etwa am Anfang, sondern erst am Ende erscheint, und zwar dadurch, dass er redaktionell hergestellt wurde. (Zum Vergleich: Bei den Tragödien von Aischylos und Sophokles kommen wir nicht hinter die in Alexandria im Hellenismus getroffene Auswahl und die damals philologisch konstruierte Textfassung zurück.)

Gedruckte Bibelausgaben und Übersetzungen

In Abgrenzung vom Rückgriff der Reformatoren auf den hebräischen bzw. griechischen Urtext erklärte das Konzil von Trient 1546 die auf Hieronymus († 420) zurückgehende lateinische Bibelübersetzung, genannt *Vulgata* (= ›die im Volk verbreitete‹), für maßgeblich. Die berühmte, pro Seite 42-zeilige Gutenberg-Bibel, die der Erfinder des Buchdrucks mit beweglichen Buchstaben bis 1455 schuf, ist eine lateinische Vollbibel mit dem *Vulgata*-Text. Der Text des ersten gedruckten griechischen Neuen Testaments wurde 1516 vom berühmten Humanisten Erasmus von Rotterdam (1469–1536) redigiert und herausgegeben.

Für die hebräische, die griechische und die lateinische Bibel gibt es jeweils preiswerte Studienausgaben. Für heutige Leser, die zumeist die alten Sprachen nicht mehr mühelos fließend lesen können, empfehlen sich die katholisch-protestantische Einheitsübersetzung (1979), die zum Reformationsjubiläum 2017 erneut revidierte Luther-Übersetzung oder als sehr nüchtern erarbeiteter, zuverlässiger Text die von einer Schweizer Kommission im ersten Drittel des vorigen Jahrhunderts übersetzte Zürcher Bibel.

Die heute in allen Bibelausgaben zu findende Einteilung aller Bücher in Kapitel und Verse ist recht jung. Die Kapitel gehen zurück auf den Erzbischof von Canterbury, Stephan Langton († 1228); die Verseinteilung hat erstmals der gelehrte Buchdrucker Robert Stefanus (bzw. frz. Estienne) in einer griechischen und lateinischen Bibel 1551 in Genf durchgeführt. So sind alle zu Luthers Lebzeiten erschienenen Ausgaben seiner Übersetzung noch ohne Versangaben.

Die Übersetzung Martin Luthers

Martin Luther (1483–1546) hat seine Bibelübersetzung 1521 auf der Wartburg anhand des von Erasmus von Rotterdam soeben edierten griechischen *Neuen Testaments* begonnen. Der mit Philipp Melanchthon als Wittenberger Professor für Griechisch durchgesprochene Text erschien bereits im September 1522, und noch während des Druckes begann Luther mit der Übersetzung des *Alten Testaments,* das nach und nach erschien und 1534 mit der Übersetzung der deuterokanonischen Bücher (aus der *LXX*) abgeschlossen wurde. Hierbei bediente sich Luther in regelmäßigen Übersetzerkonferenzen, über die Protokoll geführt wurde, durchgehend der Hilfe von Fachleuten, darunter wieder Melanchthon und der Hebraist Matthäus Aurogallus. Bei besonders schwierigen Stellen wurde bisweilen der Rat von Rabbinern eingeholt. Bis zur Ausgabe letzter Hand von 1545, ein Jahr vor Luthers Tod, wurde die Übersetzung von Luther und seinen Mitarbeitern zudem ständig revidiert.

Nach Luthers Übersetzungstheorie war die Verständlichkeit in der Zielsprache, also dem Deutschen, oberstes Gebot. Luthers eigene berühmt gewordene Formulierung, er habe beim Übersetzen »dem Volk aufs Maul geschaut« wurde lange missverstanden. »Maul« bedeutete zur Lutherzeit schlicht ›Mund‹ und das Prinzip besagt, dass Luther den üblichen deutschen Wort- und Sprachgebrauch einfacher Muttersprachler seiner Übersetzung zugrunde legte. Es hatte schon vor Luther Bibelübersetzungen ins Deutsche gegeben, aber die hatten sich eher als Verständnishilfen für die allein maßgebliche lateinische Bibel, die *Vulgata,* verstanden. Luther orientierte sich demgegenüber bewusst an der Sprache der Adressaten, und stützt sich deshalb auch nicht auf die bereits geregelte und formelhaft codierte Kanzleisprache professioneller Schreiber im amtlichen Verkehr, sondern auf den realen Gebrauch der Sprechergemeinschaft. »Dem Volk aufs Maul schauen«, heißt also einen Text verfassen, der mit den sprachlichen Mitteln arbeitet, über die die Adressaten verfügen. Keineswegs hat Luther die Bibel in die Umgangssprache des »gemeinen Volkes« übersetzen wollen; »Volk« bedeutet hier die Gemeinschaft der Deutschsprechenden; der Sprachduktus ist durchgehend eher eine feierlich gehobene Sprache, deren Rhythmisierung wichtig für die Perikopen war, d. h. die in Luthers

Deutscher Messe durchaus noch gesungenen wechselnden Schriftausschnitte der diversen Sonn- und Festtage.

Wenn Luthers Sprache heute bisweilen als altertümlich empfunden wird, ist dies auf den von Luther selbst intendierten sakral-gehobenen Ton zurückzuführen. Moderne Bearbeiter sind deshalb keineswegs verpflichtet, nach einer falsch verstandenen, angeblichen Vorgabe Luthers ihrerseits den Luthertext in einem unaufhaltsamen Revisionsprozess dem heutigen Alltagsdeutsch anzugleichen und dabei den gehobenen Ton schlicht wegzukorrigieren. Berüchtigt ist die Revision von 1975, die sogenannte »Eimer-Bibel«, in der die Christen ermahnt wurden, ihr Licht nicht »unter den Eimer« zu stellen, statt, wie seit Luther gewohnt, »unter den Scheffel«. Sie erwies sich als so peinlich, dass sie bereits 1984 re-revidiert wurde. Aber auch dieser Text nahm auf Luthers kunstvolle Rhythmik kaum Rücksicht, wenn etwa in der Weihnachtsgeschichte Lukas 2 in Vers 3 »ein jeder in seine Stadt« ging, wo es bei Luther »ein jeglicher« hieß. So kehrt die neueste Revision aus Anlass des 500. Reformationsjubiläums 2017 weitestgehend zu Luthers Original zurück.

Entgegen den wohl in einer Zeitspanne von fast 1000 Jahren entstandenen und durchaus verschiedenartigen Vorlagen, von nüchternen Annalen über prophetisch be-geist-erte Sprüche bis zu hoher geistlicher (*Psalmen*) oder erotischer Poesie (*Hohes Lied*), übersetzte Luther vereinheitlichend in einen durchweg dichterisch gehobenen Ton, rhythmisiert und mit bewussten Alliterationen: »UND es waren Hirten in der selbigen gegend auff dem felde / bey den Hürten / die hüteten des nachts irer Herde« (Lk 2,8).

Wirkungen von Luthers Bibelübersetzung

Dieser poetische Charakter macht Luthers Übersetzung unabhängig von der konfessionellen Spaltung zu einem der großen Dokumente der deutschen Literatur; ihr riesiger Erfolg von Anfang an trug entscheidend zur Entstehung einer neuhochdeutschen Schriftsprache bei, wie Werner Beschs großes Forschungsprojekt gegen Ende des vorigen Jahrhunderts wissenschaftlich bis in alle Einzelheiten erwiesen hat. Ein Buch hat eine Nationalsprache geschaffen – ein sprachgeschichtlich nahezu einmaliger Vorgang: Ein Volk erlangt seine »schriftsprachliche Einheit von den Küstenregionen im Norden bis in die Alpen« nicht durch »eine dominante Zentralregion, nicht durch Dynastien, nicht durch weltliche Macht welcher Art auch immer, sondern letztlich durch die Bibel«, bringt Werner Besch Luthers Leistung abschließend auf den Punkt.

Vielleicht ist das 500 Jahre später sogar Luthers einzige beim Reformationsjubiläum 2017 unumstrittene Leistung, nachdem er den den Feiern vorgeschalteten »Tugend-TÜV«, wie es die Zeitschrift *Christ und Welt* in der Rückschau treffend genannt hat, krachend verfehlt hatte. Jedenfalls hat sogar Thomas Mann, der Luther in seiner deutschnationalen Phase in alle Himmel hob, um ihn dann ab den Dreißigerjahren aus linksliberaler Position als menschenfressenden Oger und direkten Vorläufer Hitlers in die allertiefste und -braunste Hölle zu werfen, Luthers Bibelübersetzung lebenslang gelten lassen; in einem Brief an Max Rychner schreibt er kurz vor seinem Tod, allem »Fürchterlichen« und aller »henkerlichen Ordnungsliebe« Martin Luthers zum Trotz hätten wir »alle Deutsch von ihm gelernt«.

Der ins Deutsche übersetzten Lutherbiografie von Roland Bainton entnimmt Mann, dass Luthers Prosa-Prosodie als Grundlage für den liturgischen Gesang der Bibeltexte in der *Deutschen Messe* »den Weg für die Oratorien« bis hin zur *Matthäuspassion* bereitet habe. Luthers Gottesglaube erschien Thomas Mann lebenslang als primitiv barbarisch, zugleich aber gipfelte für ihn in Bachs *Matthäuspassion* die in seinem Weltbild an Stelle der Religion getretene Ästhetik; in Bachs Oratorium erscheint Thomas Mann der Gegensatz zwischen seiner sakralisierten Ästhetik und der bigotten Schriftgläubigkeit des Reformators als im Hegelschen Sinne »aufgehoben«. Manns Position lebt fort im heute noch im Kulturprotestantismus lebendigen Brauch, in der Passionszeit alljährlich anstatt eines altkirchlich meditativen Nachvollzugs der Passion Christi als *imitatio Christi* den Nachvollzug der *Matthäuspassion* zu begehen.

Auch ein anderer deutscher Nobelpreisträger, der in der Wolle gefärbte Katholik Günter Grass, wie sein Held Oskar »vergeblich, dennoch unabänderlich katholisch getauft«, hat sich an einer Stelle, wie sie prominenter nicht sein konnte, zu Luthers Bibelübersetzung als seinem lebenslangen Vorbild bekannt: In seiner Dankesrede zum Literaturnobelpreis 1999 nennt er Luthers deutsche Bibel neben den Romanen Melvilles und Döblins als die exemplarischen »Bücher […], die, leise wie laut gelesen, Bestand haben«, sie hätten ihn »als ich jung und belehrbar war, angestoßen, vor mich hin sprechend zu schreiben, die Tinte mit der Spucke zu mischen«. Hier grüßt ein großer deutscher Prosaiker über 450 Jahre hinweg den Schöpfer der deutschen Bibel, der als Humanist den »Cursus«, die im Lateinischen gängige Praxis kunstvoller Rhythmisierung auch der Prosa, in seine deutsche Bibelübersetzung eingebracht hat.

Die wohl größte Hommage an den Übersetzer Luther ist vielleicht die von Papst Pius XII. veranlasste und 1945 für den liturgischen Gebrauch offiziell genehmigte Neuübersetzung der Psalmen aus dem Hebräischen ins Lateinische, das *Psalterium Pianum*. Wer es mit Luthers Psalmenübersetzung in Ohr und Herz unbefangen liest, kann sich des Eindrucks nicht erwehren, dass diese lateinische Neuübersetzung sich Luthers Nachdichtung zum Vorbild genommen hat, wie einer meiner Osnabrücker Studenten im sorgfältigen Vergleich der »pianischen« Fassung mit der hebräischen, griechischen, lateinischen und Luther'schen Version für drei Psalmen exemplarisch nachweisen konnte. Offensichtlich wollte Pius XII. durch dieses nach ihm benannte *Psalterium Pianum* möglichst viel von der Schönheit, die Luther dem *Psalter* in seiner Übersetzung in eine moderne Sprache gegeben hatte, in die lateinische Liturgie hinüberretten.

Worin besteht die Hebräische Bibel oder das Erste Testament?

In aller Regel haben wir von der Hebräischen Bibel nur die eine im Judentum irgendwann vor 1000 n. Chr. vereinheitlichte Fassung sowie zufällige Nebenüberlieferungen (*LXX*, Funde in der Kairoer Synagoge oder bei Qumran). Deshalb gilt es hier festzuhalten: Alle Rekonstruktionen von früheren Fassungen, von Kernsätzen und späteren Erweiterungen, von diesem und jenem Redaktor, dieser und jener Schule, denen wir im Weiteren begegnen werden, haben keine andere Grundlage als den einen bis zu 2000 Jahre späteren einheitlich normierten Text und einige zufällig überlieferte Abweichungen. Ansonsten beruht alles, was seit den Autoren des *Neuen Testaments* über die Kirchenväter bis zur allerneuesten Exegese (= Schriftauslegung) über die Hebräische Bibel gesagt worden ist, überwiegend auf dem einen seit über tausend Jahren vereinheitlichten hebräischen Text und der *LXX* und ist mehr oder weniger wissenschaftlich begründete Spekulation. Dies erklärt, dass sich auf keinem vergleichbaren historischen oder philologischen Gebiet in einer Generation ein solcher Radikalumbau des »Gewussten« vollzogen hat wie in den letzten 40 Jahren in der Wissenschaft von der Hebräischen Bibel. Resigniert, aber ehrlich schreibt A. H. J. Gunneweg in der Vorbemerkung zur 6. Auflage seiner *Geschichte Israels* 1989: »Wir wissen heute weniger als Alt und Noth«, die großen Alttestamentler aus der ersten Hälfte des 20. Jahrhunderts.

Was heisst »Wort Gottes«?

Ein Zweites wäre grundsätzlich zu beachten: Für alle christlichen Kirchen gilt, dass »das geschriebene Bibelwort das maßgebliche geistliche Wort ist« (J. Gnilka, *Jesus von Nazareth*, S. 27). Die Hebräische Bibel oder das Erste Testament sind zusammen mit dem *Neuen Testament* »Wort Gottes« im nach philologischen Methoden zu ermittelnden Urtext in der jetzt vorliegenden Gestalt, und nicht etwa die momentan fast von Jahrfünft zu Jahrfünft wechselnden neuesten Theorien oder irgendwelche »älteren« oder »neueren« »Schichten« dieses Textes.

»Wort Gottes« ist die Bibel nicht in einem voraufklärerischen Sinne als von Gott bzw. dem Heiligen Geist diktiert, sondern als Sammlung historisch gewachsener Berichte von fehlbaren Menschen über ihre Begegnungen und Erfahrungen mit Gott, wie sie im »Tanach« oder in der »ganzen Heiligen Schrift des Alten und Neuen Testaments« gesammelt sind. Bei deren Auslegung kann dann die Rekonstruktion einzelner »Schichten« und dergleichen hilfreich oder gar unerlässlich sein, wobei es die Extreme des evangelikalen Biblizismus wie einer gemeindefernen Verwissenschaftlichung zu vermeiden gilt.

»Es steht geschrieben« oder der Irrweg des biblizistischen Fundamentalismus

Über 2500 Jahre alte Texte bedürfen schlechthin der Deutung, wie der 2001 ins Internet gestellte Brief an die Fernsehmoderatorin Dr. Laura Schlessinger anschaulich macht. Als bewusst toratreue orthodoxe Jüdin erklärt sie u. a. Homosexualität für inakzeptabel, da sie nach Lev 18,22 vor Gott ein Gräuel sei.

Im Internet verbreitete daraufhin einer ihrer Zuschauer einen hier gekürzten Brief:

> »Vielen Dank, dass Sie sich so aufopfernd bemühen, den Menschen die Gesetze Gottes näher zu bringen. Ich habe einiges durch Ihre Sendung gelernt und versuche das Wissen mit so vielen anderen wie nur möglich zu teilen. Wenn etwa jemand versucht, seinen homosexuellen Lebenswandel zu verteidigen, erinnere ich ihn einfach an das 3. Buch Mose (3 Mose 18,22), wo klargestellt wird, dass es sich dabei um ein Gräuel handelt. Ende der Debatte.
> Ich benötige allerdings ein paar Ratschläge von Ihnen im Hinblick auf einige der speziellen Gesetze und wie sie zu befolgen sind:
> – Wenn ich am Altar einen Stier als Brandopfer darbiete, weiß ich, dass dies für den Herrn einen lieblichen Geruch erzeugt (3 Mose 1,9). Das Problem sind meine Nachbarn. Sie behaupten, der Geruch sei nicht lieblich für sie. Soll ich sie niederstrecken?
> – Ich habe einen Nachbarn, der stets am Samstag arbeitet. Das 2. Buch Mose (2 Mose 35,2) stellt deutlich fest, dass er getötet werden muss. Allerdings: Bin ich moralisch verpflichtet, ihn eigenhändig zu töten?
> – Die meisten meiner männlichen Freunde lassen sich ihre Haupt- und Barthaare schneiden, inklusive der Haare ihrer Schläfen, obwohl das eindeutig durch das 3. Buch Mose (3 Mose 19,27) verboten wird. Wie sollen sie sterben?
> Ich weiß, dass Sie sich mit diesen Dingen ausführlich beschäftigt haben, daher bin ich auch zuversichtlich, dass Sie uns behilflich sein können. Und vielen Dank nochmals dafür, dass Sie uns daran erinnern, dass Gottes Wort ewig und unabänderlich ist.
> Ihr ergebener Jünger und bewundernder Fan Jake«

Herbert Schöfflers livländischer Theologiestudent und die moderne Exegese

Dass aber auch die Verfahren der zeitgenössischen wissenschaftlichen Exegese ein richtiges Verständnis des Bibeltextes eher verstellen als erhellen können, zeigt der Anglist Herbert Schöffler (1888–1946) an den Klagen eines baltendeutschen Theologiestudenten in seiner *Kleinen Geographie des deutschen Witzes:*

> »Sehen Sie, wir haben den ganz klaren Text. Wie der Hirrsch schräit nach frischem Wasser, so schräit mähne Seele, Gott, zu Dir. Das ist vom Gottesmann Martinus Luther. Nun kommt diese jämmerliche Textkritik. Sie wäist velläicht errstens nach, daß es äinen Hirrsch wahrschähnlich nie jejeben hat im Häilijen Lande und daß an dieser Stelle der kläine, fast schwanzlose Klippschlieferdachs jemäint ist; der schräit nicht, der winselt. Und von Wasser ist wahrschäinlich auch nicht die Rede in diesem zwäiundvirrzichsten Psalm, der Ausdruck in diesem Verse bedeutet vielleicht nach den neuesten Forrschungen denaturiertes Naphta oder so etwas; – »schräit mäine Seele zu Dir« ist dann velläicht äine ganz oberflächliche, in der Äile nach der Vulgata anjefertichte Übersetzung Luthers, und so häißt die ganze Stelle plötzlich äijentlich und janz jenau: »Wie der Klippschlieferdachs winselt nach denaturiertem Naphta, so sticht mäine Milz nach Dir.« Großer Gott nochmal, was fange ich vor äiner livländischen Landjemäinde mit solcher Exegese an?«

II Weltgeschichte als Heilsgeschichte – das hebräische Geschichtswerk als erzählerische Theologie

Die Schöpfung

Die Geschichte beginnt, wie es grundsätzlicher und universeller nicht sein könnte; Gottes Wort ruft Himmel und Erde, Licht und Finsternis, Wasser und Land, Pflanzen, Sonne und Mond, Fische, Vögel und Landtiere aus dem Nichts ins Dasein, zuletzt die Spezies Mensch, als Mann und Frau, beide, wie es sehr stark betont wird, »nach seinem Bilde«. Gedeutet wird dies heute allgemein nach dem Brauch orientalischer Großkönige, in entlegenen Provinzen Bilder des Herrschers aufzustellen – so sollen die Menschen als Stellvertreter Gottes über die übrige Schöpfung herrschen. Am siebten Tage ruht Gott von der Schöpfung und schafft so die Ruhe selbst als ihm geheiligte Zeit und ihm geheiligten Raum.

Der Sündenfall

Sozusagen die Grenze zwischen Gott und seinem Bild auf Erden ist im Paradies »der Baum der Erkenntnis des Guten und des Bösen«, ein Wissen, das Gott sich allein vorbehalten hat. »Esset nicht davon, rühret sie auch nicht an, dass ihr nicht sterbet.« (Gen 3,3) Der Mensch greift nach der verbotenen Frucht, weil er diese Grenze überschreiten will und sein will wie Gott, wie es ihm die Schlange verspricht – der Akt der »Hybris«, wie dieses Streben im griechischen Kulturkreis genannt wird, wo es ebenfalls als der schlimmste Frevel gilt, wie die vielen Sagen von Menschen im Wettkampf mit Göttinnen und Göttern zeigen. Mephisto, als Faust verkleidet, wird diesen Spruch seiner »Muhme der Schlange« dem jungen Studenten ins Stammbuch schreiben.

So erklärt der alte Mythos tiefsinnig die Sonderstellung des Menschen, sein Herausgefallensein aus der übrigen Schöpfung, seine Entfremdung – das, was man später *conditio humana, la condition humaine* genannt hat. Sie besteht in drei Dingen, die ihm als Strafen auferlegt werden und die ihn zu seinem Leid von allen Tieren unterscheiden: Von nun an weiß er um seine Sterblichkeit und auf seiner Sexualität sowie seiner Arbeit liegt ein Fluch – präziser kann man die Problematik menschlicher Existenz nicht auf den Punkt bringen:

> Und zur Frau sprach er: Ich will dir viel Mühsal schaffen, wenn du schwanger wirst; unter Mühen sollst du Kinder gebären. Und dein Verlangen soll nach deinem Mann sein, aber er soll dein Herr sein. Und zum Mann sprach er: Weil du gehorcht hast der Stimme deiner Frau und gegessen von dem Baum, von dem ich dir gebot und sprach: Du sollst nicht davon essen –, verflucht sei der Acker um deinetwillen! Mit Mühsal sollst du dich von ihm nähren dein Leben

> lang. Dornen und Disteln soll er dir tragen, und du sollst das Kraut auf dem Felde essen. Im Schweiße deines Angesichts sollst du dein Brot essen, bis du wieder zu Erde wirst, davon du genommen bist. Denn Staub bist du und zum Staub kehrst du zurück. (Gen 3, 16–19)

Der in Harvard lehrende amerikanische Kulturwissenschaftler Stephen Greenblatt hat 2017 diesen wenigen Zeilen aus der Genesis eine eindrucksvolle Monografie gewidmet: *The Rise and Fall of Adam und Eve*. Das Wortspiel mit Aufstieg und Fall des ersten Menschenpaares meint zugleich Aufstieg und Sturz des Mythos selbst: »Der mächtigste Mythos der Menschheit«, wie die 2018 erschienene deutsche Übersetzung *Die Geschichte von Adam und Eva* untertitelt ist, wird von Greenblatt von seiner im Dunkeln liegenden ersten Aufzeichnung über die Kompilation der heutigen *Tora* im babylonischen Exil (s. S. 68), die theologische Ausdeutung bei Augustinus, die dichterische Gestaltung 1667 in Miltons *Paradise Lost* – für Greenblatt »eine der größten Dichtungen der Welt« – bis zu seinem scheinbaren »Sturz« durch Darwins wissenschaftliche Widerlegung breit entfaltet. Unterwegs entkräftet er gleichsam im Vorbeigehen die einst aus antijudaischen, antisemitischen sowie antichristlichen Motiven nach der Entzifferung der babylonischen Keilschrift im deutschen Kaiserreich um 1890 im »Babel-Bibel-Streit« aufgekommene Ansicht, die Ursprünge der Menschheit seien in Wahrheit im Gilgamesch-Epos dargelegt und die jüdische Bibel sei eine bloße Plagiatorin, die durch die älteren Babel-Texte außer Kraft und Geltung gesetzt sei. Stattdessen zeigt Greenblatt, mit welcher Kraft der unbekannte Autor der biblischen Urgeschichte wohl um 1000 v. Chr. die babylonischen Überlieferungen in seine Darstellung des Wegs eingeschmolzen habe, die der Weltenschöpfer JHWH mit der von ihm geschaffenen Menschheit genommen habe:

> »Ob wir an die Geschichte von Adam und Eva glauben oder ob wir sie für eine absurde Erfindung halten, wir sind nach ihrem Bilde geschaffen. Über viele Jahrhunderte hinweg hat diese Erzählung die Weise geformt, in der wir über Schuld und Strafe, sittliche Verantwortung, den Tod, den Schmerz, die Arbeit, die Muße, die Ehe, die Rolle der Geschlechter, Neugier, Sexualität und das uns alle verbindende Mensch-Sein denken. Hätte sich die Geschichte in eine andere Richtung entwickelt, hätten vielleicht »Enuma Elisch«, der babylonische

> Schöpfungsmythos, das »Atrahasis-«, und das »Gilgamesch-Epos« uns zur Bündelung unserer Ursprungsgeschichten gedient und sie hätten uns zweifellos anders geformt, als wir es nun sind. Und dass es nicht so gekommen ist, hatte seine Folgen.« (Übers. V. N.)

Neben den anschaulichen Ätiologien (s. S. 42) für diese Urphänomene des Menschseins entfaltet der biblische Mythos von Adam und Eva auch ein emanzipatorisches Potenzial in der Geschichte: Greenblatt schlägt den Bogen vom aufständischen englischen Geistlichen John Ball vom Ende des 14. Jahrhunderts und von dessen so biblischem wie revolutionärem Slogan »When Adam delved and Eve span,/who was then the gentleman?« – das »Als Adam grub und Eva spann, wer war da der Edelmann?« des deutschen Bauernkriegs – über John Milton als Sekretär des Revolutionärs Oliver Cromwell bis zu den Gründungsvätern der USA: Miltons Satz, niemand könne so dumm sein, zu leugnen »that all men naturally were born free« und, da nach dem Bilde Gottes geschaffen, »born to command and not to obey«, wird fast wörtlich in die amerikanische Unabhängigkeitserklärung aufgenommen. Jeffersons und seiner Freunde Überzeugung, »that all men are created equal« und von ihrem Schöpfer mit den unveräußerlichen Rechten auf »Life, Liberty and the pursuit of Happiness« ausgestattet, erschien ihnen deshalb als »self evident«, weil sie biblisch in der Schöpfungsgeschichte selbst begründet war.

Die wissenschaftlichen Ergebnisse der auf Darwin gestützten Paläontologie und Evolutionsbiologie haben die Faktizität der Geschichte Adams und Evas unzweifelhaft widerlegt, bilden aber für Greenblatt keine eigene ›Erzählung‹, kein ›Narrativ‹, keine sinnstiftenden Zusammenfassungen: Dem Darwinismus fehle bis heute »a satisfying plot of one kind or another«, der ihm deshalb immer wieder übergestülpt worden sei, sei es im Sozialdarwinismus in Politik und Wirtschaft, sei es in der Eugenik mit ihren Vorstellungen von »Ausmerzung« und »Züchtung«:

Dem derzeit herrschenden wissenschaftlichen Verständnis fehlt wohl bleibend der Fokus auf die Fähigkeit zur sittlichen Entscheidung, der doch den Kern der Geschichte von Adam und Eva bildet. Die ersten Menschen des biblischen Berichts waren frei, das göttliche Verbot zu respektieren oder dagegen zu verstoßen:

> »Und die Frau sah, dass von dem Baum gut zu essen wäre und dass er eine Lust für die Augen wäre und verlockend, weil er klug machte. Und sie nahm von seiner Frucht und aß und gab ihrem Mann, der bei ihr war, auch davon und er aß.« Und diese Übertretung – ein überlegter Akt, kein unpersönlicher, mechanischer Prozess einer zufälligen genetischen Mutation und natürlichen Selektion – ist es, die die Gestalt von unser aller Leben bestimmt hat. Die Geschichte von Adam und Eva insistiert darauf, dass unser Schicksal, wenigstens zu Beginn der Zeiten, in unserer eigenen Verantwortung gelegen hat. Millionen von Menschen in der Welt, darunter viele, die die grundlegenden Annahmen der modernen Wissenschaft begriffen haben, hängen nach wie vor der eigentümlichen Befriedigung an, die die alte Geschichte ihnen gewährt.

»Darunter ich«, schließt Greenblatt bekennerhaft. Und so lässt er denn die naturwissenschaftlichen Erkenntnisse koexistieren mit dem biblischen Mythos als zwei unterschiedliche Wahrheiten, eine naturwissenschaftlich durch Fossilien gestützte und eine mythisch existenzielle. Den Bildteil seines Werks beschließt ein anthropologisches Diorama aus dem »American Museum of Natural History« mit dem Titel »Lucy (australopithecus afarensis) and her mate«, und Greenblatt verbindet die nachempfundene Szene aus dem derzeitigen Stand unserer rekonstruierten Urgeschichte mit Miltons von ihm besonders geliebten Schluss des *Verlorenen Paradieses:*

> Vor ihnen lag die große weite Welt,
> Wo sie den Ruheplatz sich wählen konnten,
> Die Vorsehung des Herrn als Führerin.
> Sie wanderten mit langsam zagem Schritt
> Und Hand in Hand aus Eden ihres Wegs
> (Übers. v. Adolf Böttger).

Der Tübinger Alttestamentler Erhard Blum hat diese Milton'sche Deutung der ersten Schritte eines emanzipierten Menschenpaars auf die so prägnante wie schöne Formel des Sündenfalls als dem selbstverschuldeten Ausgang des Menschen aus seiner »*seligen* Unmündigkeit« gebracht.

Dieser Deutung der biblischen Urgeschichte, in die Greenblatt seine Monografie münden lässt, hatten der Wissenschaftsjournalist Kai Michel und der Anthropologe und Entwicklungsbiologe Carel van Schaik bereits ein Jahr zuvor unerbittlich den

Kampf angesagt. Verglichen mit Greenblatts überzeugender Zusammenschau von biblischer Theologie und Paläontologie erscheint das Vorhaben der beiden, den Erzählungen der Genesis mit einem rein evolutionsbiologischen Ansatz erstmals »die Aufmerksamkeit« zu schenken, »die sie eigentlich verdient hätten«, und damit endlich ihren wahren Sinn zu entschlüsseln, allerdings als völlig verfehlt.

Van Schalks und Michels Darlegungen verdienten selbst kaum Aufmerksamkeit, hätten nicht 2016 die US-Originalausgabe *The Good Book of Human Nature. An Evolutionary Reading oft he Bible* sowie auch die deutsche Ausgabe *Das Tagebuch der Menschheit. Was die Bibel über unsere Evolution verrät* sowohl breiteste Publikumsresonanz als auch kollegiales Lob erfahren – »Eine Offenbarung (eine intellektuelle)!« soll der renommierte Primatenforscher Michael Tomasello das Werk genannt haben.

Unter souveräner Missachtung der gesamten bisherigen Exegese und deren Denunziation als bloße willkürliche »Allegorese« bezeichnen die Autoren den für sie ominösen »Sündenfall« als bloße »Bagatelle«, »simple Nascherei« und »simplen Mundraub«. Die bisherige Forschung wird deshalb von Carel van Schaik und Kai Michel »guten Gewissens beiseitegeschoben« und das Paradiesesgeschehen der Genesis monokausal als – wie auch immer überlieferte – ca. 9000 Jahre alte kollektive Menschheitserinnerung an den eigentlichen »Sündenfall« gedeutet: Um 10 000 v. Chr. beendet die Sesshaftwerdung der Menschen das als paradiesisch gesehene nahezu krankheits-, leid-, schmerz- und vor allem arbeitsfreie urkommunistische Dasein der Jäger und Sammler. Für diese angeblich erstmals geleistete richtige Entschlüsselung der Paradiesesreminiszenz bietet der biblische Text nicht die Spur eines Anhalts: In Gen 2 ist das Paradies ein von Gott angelegter und eigens bewässerter Garten – was für die Bewohner von Trockensteppen und Wüsten hochwichtig ist –, den der Mensch pflegen und bebauen soll. Vom mühelosen Jagen und Sammeln ist keine Rede. Der allein Gott als exklusives Eigentum vorbehaltene Baum der Erkenntnis wird bei van Schaik und Michel ebenso willkürlich zur Verkörperung des entstehenden Privateigentums an Grund und Boden allegorisiert; Adams Verfluchung bezieht sich unmittelbar auf den für die Menschheit jetzt erst einsetzenden Ackerbau, da van Schaik/Michel ja die Wartung und Bebauung des Paradiesgartens unterschlagen haben, während gleichzeitig damit Evas Geburtsschmerzen historisch jetzt erst beginnen – die Jägerinnen und Sammlerinnen hatten einfach ein weiteres Becken als die von nun an sesshaft in der Küche und im Garten werkelnden Frauen.

Die breiten Ausführungen zur Schöpfungsgeschichte sind bei van Schaik und Michel deshalb »gründlicher« als alles zur späteren Entwicklung Gesagte, da sie zeigen wollen, »wie unsere evolutionär orientierte Bibelarchäologie funktioniert« – alles Weitere in ihrem Buch kommt in der Tat nicht über die Ergebnisse der seit über hundert Jahren eifrig praktizierten herkömmlichen theologischen Forschung zum »Sitz im Leben« der einzelnen biblischen Überlieferungen hinaus, d. h. der Herausarbeitung ihrer lebenspraktischen Verwurzelung in der menschlichen Ur-, Früh- und Stammesgeschichte.

Der paläontologische Ersatz eines »Sündenfalls« und der dadurch bedingten »Erbsünde« und deren Ablösung durch das schlichte Sesshaftwerden steht in der Tradition der jahrhundertelangen aufgeklärten Polemik gegen die »Erbsünde«: Sie ist das Schibboleth schlechthin aller Weltanschauungen: Ist das Böse lediglich ein äußerlicher Rost an der edlen Klinge »Mensch« oder korrumpiert es ihn durch und durch? Ist das Böse lediglich ein Defizit an Gutem oder ist es in sich selbst eine ontische Macht? Wilhelm Busch, den Theodor Heuss einmal zu Recht als den Illustrator der menschlichen Erbsünde bezeichnet hat, definierte »das Gute« als »das Böse, was man läßt« und unterstrich dies noch durch den Reim: »dieser Satz steht fest«. Das Böse ist die ontische Gegebenheit – Gutes ergibt sich zufällig bei dessen Unterlassung. Diese Definition des Guten allein vom prävalenten Bösen her stößt immer wieder auf nicht anders als erbittert zu nennende Feindschaft. Statt an eine uranfängliche ethische Katastrophe zu glauben, denkt man sich das Böse lieber als ein defizitäres Gutes. Der in seiner Zeit äußert populäre Medienbiologe und -anthropologe Hoimar von Ditfurth überraschte in den 1970er-Jahren sein Millionenpublikum damit, dass er sich zu einer negativen Anthropologie bekannte und plötzlich vom Menschen als einem irgendwie quer zur Welt stehenden Wesen sprach, das für die übrige Schöpfung einen schlimmen Betriebsunfall darstelle. Seitdem galt von Ditfurth nicht nur als populärer, sondern als überraschend tiefer Denker, während zur selben Zeit ein Kaplan in der Eifel mit derselben Botschaft unter dem Stichwort »Erbsünde« als römisch reaktionärer Finsterling gegolten hätte.

Zu dieser humanistischen Verteufelung der Erbsünde hat sicherlich ihre anscheinende Verengung auf den Zeugungsvorgang durch Augustinus beigetragen. Obwohl der Kirchenvater hierin zu Lebzeiten wie auch später immer wieder Widerspruch erfuhr – Luther etwa bewies die Erbsünde stets mithilfe des ersten Gebots, Gott über alle Dinge zu lieben –, setzte sich bei einfachen Gläubigen der Eindruck fest, die »Erbsünde« werde durch den Zeugungsakt als solchem von Generation zu Generation weitervererbt, wie körperlich Aids oder Syphilis. Das machte ja auch das spätere Dogma erforderlich, nach dem bereits Marias Mutter Anna ihr Kind »unbefleckt« von ihrem Ehemann Joachim empfangen haben musste, sonst hätte Maria ja nicht ihr die Menschheit erlösendes »Siehe, ich bin des Herrn Magd; mir geschehe, wie du gesagt hast« (Lk 1,38) sprechen können.

Bei dieser weit verbreiteten Vorstellung von der Erbsünde als dem Tiefpunkt pfäffischer Dunkelmännerei und Sexualfeindschaft verblüfft es, wenn ausgerechnet der vielen als links geltende Günter Grass mehr als jeder vergleichbare Weltautor des 20. Jahrhunderts, G. K. Chesterton ausgenommen, den Begriff »Erbsünde« wie auch seine theologische Entfaltung zum Fundament seiner gesamten Ontologie wie Anthropologie gemacht hat. Die Grass generell wenig zugetane Kritik hat diese Dimension des Grass'schen Gesamtwerks so gut wie nie zur Kenntnis genommen, während sein Schüler und Kollege Salman Rushdie sie in einem Gespräch aus Anlass von Grass' 90. Geburtstag im Günter Grass-Haus in Lübeck im Herbst 2017 zu Recht zu dessen zentralem Thema erklärte. Im Zusammenhang mit seinem neuen Roman, der in der Gegenwart der Ära Trump spielt, stellte Mara Delius die törichte Frage, wie Grass wohl über die Möglichkeit gedacht hätte, überhaupt über eine so »groteske merkwürdige, turbulente Zeit« zu schreiben, und Rushdie wies darauf hin, dass Grass in der *Danziger Trilogie* ja wohl über eine Zeit geschrieben habe, die absurder als jeder Roman sei – verglichen mit Hitler sei Trump schließlich nicht mehr als »ein kleiner Floh auf dessen Schuh«. »Die allumfassende Frage dieser Bücher ist die nach dem Bösen, und zwar nicht nur nach dem Bösen als solchem, sondern danach, wie viele normale Menschen man davon überzeugen kann, dass das Böse die Wahrheit ist« – und genau diese »Umkehr der Moral in einem unermesslichen Ausmaß« meint der Begriff »Erbsünde«.

Nicht nur ließ Grass seine vier Kinder aus erster Ehe katholisch taufen, obwohl deren Mutter Calvinistin war und er selbst später aus der katholischen Kirche austrat, er begründete es den Kindern gegenüber expressis verbis mit der Erbsünde: »›Kann nicht schaden, wenn sie schon früh mitkriegen, wie angeblich alles mit der Geschichte vom Apfel und der Schlange begonnen hat.‹ Womit bestimmt gemeint war, was davon, rein erbsündemäßig, die Folge ist. Aber nicht nur von Adam und Eva, auch was zwischen Kain und Abel lief, hat er erzählt.« Wie Rushdie es auf den Punkt gebracht hat – Grass' gesamtes dichterisches Lebenswerk wird davon bestimmt, »was [...] rein erbsündemäßig die Folge ist«: Von Mahlke – der Name bereits ist ein Anagramm von »Makel« – und seinem »Adamsapfel« in *Katz und Maus* von 1961, »diese[r] ausgewachsene[n] Frucht«, die nicht »zu schlucken« ist, bis zu des »alten Adam« »Erbsünde« in *Grimms Wörter* von 2010 hat Grass seine dichterischen Variationen auf diesem seit Jahrhunderten verpönten Begriff aufgebaut und ihn 2010 in einem eigenen Gedicht gestaltet und entfaltet. Dessen Variationen über den Buchstaben »A« in *Grimms Wörter* datieren die menschlichen Leiden »ab Anbeginn« und erklären sie mit dem Sündenfall, wobei sogar dessen Sexualisierung durch Augustinus anklingt:

Ach, alter Adam!
Ab Anbeginn setzten dir Angstläuse zu,
plagte dich Aftersausen, war zu ahnen,
es könnte etwas, das ähnlich der Schlange
sich aalt, länglich aalglatt ist,
ein Angebot machen, das seit Augustinus
Erbsünde heißt und ab dem Apfelbiß
Anspruch erhebt auf Vaterschaft, Alimente.
Danach wurde im Schweiße des Angesichts
nur noch geackert.
Arbeit im Takt nach Akkord,
und deren Mehrwert abgeschöpft,
bis abgesahnt nichts mehr da war.
Ach, alter Adam!

Die Säkularisierung des Mythos vom Paradies

Als in der spätjüdischen und frühchristlichen Apokalyptik (s. S. 129) die Vorstellung von einem zukünftigen Weltenumbruch hin zu einem wiederkehrenden Paradies aufkam, wurde die Paradiesesvorstellung der hebräischen Bibel zum Ausgangspunkt der triadischen Weltformel, die in ihrem Dreischritt »Paradies – gefallene Schöpfung – neues Paradies« das gesamte Denken einer jüdisch-christlich-islamisch geprägten Welt in nicht zu überschätzendem Maße beherrscht.

»Jenseits von Eden« – Kain und Abel

Bereits in der nächsten Generation nach Adam und Eva kommt es zu Mord und Totschlag, und Kain erschlägt seinen Bruder Abel. Gott aber will keine endlose Kette der Vergeltung und Gewalt; er will den Tod des Sünders nicht: »Und der HERR machte ein Zeichen an Kain, dass ihn niemand erschlüge, der ihn fände. So ging Kain hinweg von dem Angesicht des HERRN und wohnte im Lande Nod, jenseits von Eden, gegen Osten.« (Gen 4,15 f.) Unvermittelt folgt noch die Notiz von einer Uroffenbarung: »Zu der Zeit fing man an, den Namen des HERRN anzurufen.« (Gen 4,26b)

Die Urgeschichten um Kain und Abel und Noah hat der durch seine *Min Kamp*-Hexalogie (2009–2011) zum Weltautor gewordene Norweger Karl Ove Knausgård in seinem Roman *En tid for alt* (2004, dt. 2007, *Alles hat seine Zeit*) in epischer Breite nacherzählt. In eine Rahmenhandlung um den (fiktiven) Engelforscher Antinous Bellori, geboren 1551, und dessen Untersuchungen zu den Engelerscheinungen der hebräischen Bibel sind neben den Engelvisionen des Propheten Hesekiel (s. S. 95) ausführliche Geschichten um Kain und Abel sowie Noah eingelegt. Sie spielen bei Knausgård vor einer wohl norwegischen Fjordlandschaft in einer Welt aus Bauern und Hirten, die in ihrem zeitlos agrarisch-patriarchischen Charakter einerseits biblisch sein könnte, wie sie andererseits Knausgård aber selbst noch, wie wir aus *Min Kamp* wissen, auf dem Einödhof seiner Großeltern erlebt hat. Ob Kain, Abel oder Noah – sie alle leben bei Knausgård mit ihren weitverzweigten Sippen in einer Welt »jenseits von Eden, gegen Osten«, und sehen in ihrem immer gleichen Leben hinter den Bergen, die ihren Horizont abriegeln, als ständiges Lichtphänomen den Widerschein der Flammenschwerter, mit denen die Cherubim den Zugang zum Paradies versperren. Lediglich spärliche Anachronismen wie etwa »Hosenträger« brechen gelegentlich die Zeitlosigkeit zur Welt des Lesers hin auf.

Der Gottesname JHWH

Dieser dem Volk Israel exklusiv angehörende Gottesname besteht aus vier Konsonanten, dem sogenannten Tetragramm (= vier Buchstaben) JHWH. Er ist gemäß dem 3. Gebot, den Namen Gottes nicht zu missbrauchen, für den Juden so heilig, dass er nicht ausgesprochen werden darf. Beim Lesen wird deshalb stattdessen *adonai*, ›der Herr‹ oder *HaSchem*, ›der Name‹, gesagt, was die meisten Bibelübersetzungen übernehmen; in der Lutherbibel von 2017 wird es mit »HERR« wiedergegeben. JeHoWaH ist lediglich eine irrige Vokalisierung des Tetragramms. Aus Rücksicht auf dieses jüdische Tabu sollte das Aussprechen des Namens möglichst vermieden werden. Gott gibt seinen Namen jenseits der Uroffenbarung Gen 4,26b kurz nach der Vertreibung aus dem Paradies noch an zwei entscheidenden Stellen selbst preis; einmal bei der Offenbarung an Abraham (Gen 12,8) und dann bei der Berufung des Mose (Ex 3,14–16). In Vers 14 wird im hebräischen Original eine etymologische Ableitung von Konjugationsformen des aramäischen Worts *hij*, ›leben, sein‹, her versucht: »Ich bin, der ich bin«, »Ich werde mit dir sein« oder »Ich werde sein, der ich sein werde« – d. h., Gott offenbart oder zeigt sich nur in der Geschichte mit ihm.

Die Sintflut

Lange Geschlechtsregister, wie sie die Bibel bis zum Stammbaum Jesu (Mt 1,1–17; Lk 3,23–38) liebt, überbrücken dann einen großen Zeitraum, in dem die Menschheit wächst und zugleich immer schlechter wird. »Da sprach der HERR: Mein Geist soll nicht immerdar im Menschen walten, denn er ist Fleisch. Ich will ihm als Lebenszeit geben hundertzwanzig Jahre. […] Da sah Gott auf die Erde, und siehe, sie war verderbt; denn alles Fleisch hatte seinen Weg verderbt auf Erden.« (Gen 6,3 u. 12)

Eine große Flut, wie sie in vielen Kulturen bezeugt ist, bei der Gott die Trennung von Wasser und Erde im zweiten Schöpfungsakt (Gen 1,6 f.) wieder rückgängig macht und alles im Chaos, im Urschlamm, im »Tohuwabohu« (Gen 1,2) versinken lässt, überleben nur der fromme Noah und die Seinen. Am Ende verkündet Gott selbst die extrem pessimistische Auffassung fast aller biblischen Bücher vom Menschen und garantiert von seiner Seite aus den Fortbestand der Schöpfung: »Ich will hinfort nicht mehr die Erde verfluchen um der Menschen willen; denn das Dichten und Trachten des menschlichen Herzens ist böse von Jugend auf […]. Solange die Erde steht, soll nicht aufhören Saat und Ernte, Frost und Hitze, Sommer und Winter, Tag und Nacht.« (Gen 8,21 f.) Trotzdem erneuert er mit den als böse erkannten Menschen den Bund und vertraut ihnen die Schöpfung erneut an: »Seid fruchtbar und mehret euch und füllet die Erde. Furcht und Schrecken vor euch sei über allen Tieren auf Erden und über allen Vögeln unter dem Himmel, über allem, was auf dem Erdboden kriecht, und über allen Fischen im Meer; in eure Hände seien sie gegeben.« (Gen 9,1 f.)

Diese Geschichten reden nicht nur von Gott und Mensch; sie erklären dem vorwissenschaftlichen Menschen auch immer wieder die Welt und ihre Gegebenheiten: Es regnet, weil der Himmel nach Art einer Käseglocke gedacht wird, über der Gott einen Teil der Urflut versammelt hat, um es gelegentlich aus aufgetanen »Schleusen« des Himmels regnen zu lassen. Der Regenbogen, der sich zeigt, wenn, wie versprochen, auf Regen Sonnenschein folgt, ist der Kriegsbogen, den JHWH in den Wolken für immer abgestellt hat, weil er die Erde nicht mehr bekriegen will. (Gen 9,12 ff.) Genauso soll die Geschichte vom Turmbau zu Babel (Gen 11,1–9) einerseits die Vielfalt menschlicher Sprachen, andererseits das reale Vorhandensein riesiger Berge von Ziegeltrümmern aus früheren Zeiten erklären, so wie die Geschichte von Sodom und Gomorrha die Entstehung der wüsten Landstriche am Toten Meer deutet. (Gen 19,24 ff.)

2018 haben die Archäologen Philipp Silvia und Steven Collins einen Aufsatz veröffentlicht, nach dem am nordöstlichen Ende des Toten Meers in einer Höhe von etwa 1000 m über einem Gebiet, das schon immer als mögliche Stätte von Sodom galt, vor ca. 3700 Jahren ein Meteorit mit einer Energiefreisetzung von ca. 10 mt explodiert sein muss. Die Bodenfunde dokumentieren das in jeder Hinsicht und machen so wahrscheinlich, dass der biblische Bericht vom Herabregnen von Schwefel und Feuer und der völligen Vernichtung der Städte Sodom und Gomorrha und der umliegenden Landstriche die Erinnerung an dieses Ereignis bewahrt.

Nach der Definition des Alttestamentlers Albrecht Alt ist eine ätiologische Sage »dazu bestimmt, irgendwelche auffallenden Tatbestände aus der Gegenwart ihrer Entstehungszeit aus Ereignissen der Vergangenheit kausal abzuleiten«.

Die Erzväter (von der griechischen Vorsilbe *archi* = ›Ur‹) und ihre Frauen

Die Urgeschichte ist damit zu Ende. Gott schlägt einen neuen Weg in seiner Geschichte mit den Menschen ein. Er erwählt sich ein Volk, besser: er schafft sich ein Volk als besonderes Eigentum, um diesen Sonderweg dann später wieder universell auszuweiten. Er verheißt Abraham und Sara, wie einst Adam und Eva, dass ihre Nachkommen zum neuen Volk Gottes werden, »und in dir sollen gesegnet werden alle Geschlechter auf Erden.« (Gen 12,3). In ferner Zukunft werden sie auch dieses Land besitzen, aber einstweilen werden sie »Fremdlinge« im Land Kanaan sein, wie es immer wieder heißt. Kanaan ist der vorisraelische Name des späteren Herrschaftsgebiets des Volkes Israel; in der Römerzeit wird es nach dem weiteren dort ansässigen Volk der Philister »Palästina« genannt. Abraham erwirbt dort lediglich den Hain Mamre als Begräbnisstätte für sich und seine Sippe (Gen 23); die Erzväter sterben so lediglich ins Gelobte Land hinein, wie man einmal gesagt hat.

Abraham hat zwei Söhne, den erstgeborenen Ismael als Sohn der Magd Hagar, auf den die Ismaeliten zurückgehen (Gen 25,12 ff.), und den späteren Isaak von seiner Ehefrau Sara. Im späteren Koran und der muslimischen Überlieferung wird Ismael als erster und zudem legitimer Sohn Abrahams zum Stammvater der Araber. In der Bibel wird die schwangere Nebenfrau Hagar auf Betreiben der Hauptfrau Sara wortwörtlich in die Wüste geschickt, und als sie dort ihren Sohn gebiert, befiehlt ihr der Herr durch seinen Engel in der englischen Bibel: »Call his name Ishmael« (Gen 16). Wenn Herman Melvilles Ich-Erzähler von *Moby Dick* sich im ersten Satz vorstellt: »Call me Ishmael«, gibt er sich so von Anfang an als Ausgestoßener, Enterbter und Entrechteter zu erkennen.

Isaak wird als Zweitgeborener, aber legitimer Sohn seiner Ehefrau Sara Abrahams Erbe und selbst zum Vater von Esau und Jakob. Da der Gott der Hebräischen Bibel – der des *Neuen Testaments* übrigens auch! – selbst auf äußerst krummen Linien stets gerade schreibt, wird der Jüngere trotz seines Betrugs an Vater und Bruder beim Erstgeburtsrecht zum Träger des Segens (Gen 27): Während Esau wie einst Ismael mit einem Nebenvolk abgefunden wird (Gen 36), wird Jakob zu »Israel«, d. h. dem Vater seines gleichnamigen Volkes. Zwölf Söhne sind es, die ihm seine beiden Hauptfrauen Lea und Rahel und deren Mägde in komplizierter Abfolge gebären; jeder von ihnen wird der Vater eines nach ihm benannten Stammes; die unterschiedlichen Mütter könnten so etwas wie eine unterschiedliche Nähe dieser Stämme zueinander bezeichnen; die Gesamteinheit aber ist »Israel« nach dem Zweitnamen des gemeinsamen Stammvaters Jakob, der diesem nach seinem Kampf mit dem Engel – oder ist es etwa gar Gott, mit dem er eine Nacht lang »ringt«? (Gen 32,22–32) – als Ehrentitel verliehen wird (V. 29).

Die Geschichten um die Erzväter Abraham, Isaak und Jakob erinnern einerseits an Frühestes und spiegeln andererseits die gesellschaftlichen Verhältnisse bis in die Exilszeit wieder (s. dazu S. 68) Da nimmt es nicht wunder, dass die Geschichten um die Patriarchen »patriarchalisch« sind, aber Frauen spielen in ihnen eine wichtige Rolle als Ehefrauen sowie in ihrer zentralen Eigenschaft als Familien-, Sippen- und Stammmütter. Wenn der männliche Erbe ausbleibt, gibt die Ehefrau des Patriarchen – mehrere Hauptfrauen sind erlaubt – ihrem Mann ihre eigene Magd als Nebenfrau, die dann stellvertretend für sie und auf ihren Knien hockend (1 Mose 30,3) »ihre« Kinder gebiert. (1 Mose 16,1–4; 30,1–8; 9–13) Dass es dabei – wie übrigens heute noch bei der Existenz von Nebenfrauen – nicht ohne massive Probleme abgeht, versteht sich von selbst; die Bibel berichtet ungeschönt von solchen Rivalitäten. (Gen 16,4b–9; 21,9–21; 30,1–3; 14–16).

Gerade die Eifersuchtsszenen zeigen, dass die Frauen durchaus auf ihre Rechte achten und sich zu helfen wissen, wenn ihnen diese beschnitten oder verweigert werden (s. dazu etwa Gen 38). Unter den männlichen, »Richter« genannten charismatischen Führern der Vorkönigszeit gab es die Richterin Debora (s. S. 60), und der vielleicht älteste Teil der Hebräischen Bibel überhaupt, das Lied Mirjams am Schilfmeer (Ex 15,21), wird auf eine Frau zurückgeführt; und einer der wenigen Menschen, die den großen König David zu kritisieren wagen, ist seine Frau Michal (2 Sam 6,16 u. 20) und seine Thronfolge regelt seine Frau Bathseba zugunsten ihres Sohnes Salomo (1 Kön 1).

Auffallend sind die vier von Matthäus im Stammbaum Jesu (Mt 1,1–16) ausdrücklich erwähnten Mütter in der Reihe von Jesu Vorfahren. Während die im *1. Buch Mose* durchaus als farbige Persönlichkeiten gestalteten Stammmütter Sara, Rebekka und Lea nicht genannt werden, erscheinen mit Tamar, Rahab, Rut und »der Frau des Uria« (i. e. Bathseba) weibliche Randfiguren, die ihre Kinder allesamt unter höchst anrüchigen Umständen empfangen. In zwei Fällen geht es dabei um den jüdischen Brauch der Leviratsehe, nach dem eine kinderlose Witwe das Recht auf die Zeugung eines Kindes durch einen Verwandten ihres Mannes hat. Tamar, der dieses Recht von ihrem Schwiegervater Juda vorenthalten werden soll, verkehrt daraufhin statt mit dessen ihr vorenthaltenen Söhnen als Prostituierte verkleidet unerkannt mit ihm selber (Gen 38,14–18), während Rut die Suche nach einem stellvertretenden Erzeuger höchst aktiv betreibt (Rut 3), indem sie sich einem möglichen Kandidaten regelrecht anbietet; Rahab wird unverblümt »Hure« genannt (Jos 2,1) und auf die skandalösen Umstände, unter denen die verheiratete Bathseba ein Kind von König David empfängt (2 Sam 11), woraufhin ihr Gatte umgebracht werden muss, spielt die kurze Notiz im Stammbaum bei Matthäus direkt an.

Hinzu kommt, dass alle vier genannten Frauen keine Israelitinnen, sondern Ausländerinnen sind und die Deutungsmöglichkeiten reichen von der Erkenntnis, dass Gott selbst auf äußerst krummen Linien stets gerade schreibt, bis zur Annahme einer Vorverkündigung des universalen Heils in Jesus durch seine nichtisraelitischen Ahnfrauen.

Die Josephs-Novelle

In der Genesis (Gen 37,39–47,26) begegnet uns eine Erzählung, die in der gesamten Bibel nicht ihresgleichen hat, die ausführliche und reich zur Novelle ausgestaltete Geschichte von Jakobs Lieblingssohn Joseph, dem Erstgeborenen seiner über alles geliebten Rahel. Jakob zeichnet seinen Lieblingssohn durch einen Rock mit langen Ärmeln aus – in ihm kann man nicht arbeiten und braucht es auch nicht. Im Gegenzug verpetzt dieser altkluge Knabe gelegentlich seine Brüder, bis sie ihn beseitigen wollen.

Von nun an verläuft sein Leben in den für die Gattung Novelle typischen Wendepunkten: Er wird als Sklave nach Ägypten verkauft, steigt dort bis zum Verwalter des hohen Beamten Potiphar auf, landet durch Verleumdung wieder ganz unten, steigt über seine gelungenen Traumdeutungen wieder ganz hoch auf und wird zum Retter Ägyptens, seines Vaters und seiner Brüder. Gott ist sichtbar mit ihm und er mit Gott, indem er stets alle seine Gebote hält. Zugleich erklärt die Geschichte den für Israel als Nachbarn so rätselhaften Tatbestand, dass alles Land in Ägypten den Pharaonen und den Priestern gehört: Während der großen Dürre mussten die früheren Eigentümer ihren gesamten Grundbesitz dem Pharao gegen Getreide verkaufen, wollen sie nicht verhungern, so wie auch Israel/Jakob mit seiner ganzen Sippe nach Ägypten unter Josephs Schutz flüchten muss. Dass ausgerechnet ein landfremder Jude dem ägyptischen König diese Ausplünderung der eigenen Untertanen anrät und für ihn auch noch gnadenlos durchführt, war ein bis hin zum exterminatorischen Antisemitismus der Nationalsozialisten reichendes judenfeindliches Argument, bei dem man sich noch dazu auf deren eigene Heilige Schrift berufen konnte.

Die Josephsgeschichte in der Dichtung

Die Geschichte hat immer wieder Autoren zu Nachdichtungen angeregt, so z. B. Hans Jakob Christoffel von Grimmelshausen, den Autor des *Simplicissimus*, zu seinem *Des vortrefflichen keuschen Josephs in Ägypten erbauliche Lebensbeschreibung* (1670). Der ganz junge Goethe hat nach dem Bericht in *Dichtung und Wahrheit* ein langes »biblisches prosaisch-episches Gedicht« über Joseph verfasst, das er jedoch als Student in Leipzig verbrannte. In seinen Fußstapfen hat Thomas Mann sein umfänglichstes Werk überhaupt geschaffen, den vierbändigen Zyklus *Joseph und seine Brüder* (1933–1943). Kern der über 1800 Seiten ist der Segen des sterbenden Jakob für seine Söhne, der im Falle Josephs lautet: »Von deines Vaters Gott ist dir geholfen, und von dem Allmächtigen bist du gesegnet mit Segen oben vom Himmel herab, mit Segen von der Tiefe, die unten liegt, mit Segen der Brüste und des Mutterleibes.« Die Formel, die Höhe und Tiefe, Gott und Erde, Männliches und Weibliches verbindet, erlaubte es Mann, ein einziges Mal eine geglückte menschliche Existenz zu gestalten. Bei den *Buddenbrooks* nimmt mit wachsendem Segen von oben der von unten ab, bis zur Lebensunfähigkeit. Tonio Kröger, Gustav Aschenbach (*Der Tod in Venedig*), Adrian Leverkühn (*Dr. Faustus*) fehlt der Segen von unten, den auch Mann selbst in seiner eigenen Person vermisste. Hans Castorp im *Zauberberg* fehlen im Grunde beide; einzig Goethe hat für Thomas Mann in seiner ganzen prekären Existenz zugleich Anteil am Väterlich-Geistigen wie am Mütterlich-Erdgebundenen; nicht zufällig entsteht *Lotte in Weimar* 1939 während der Arbeit am Josephs-Komplex. In den staatsmännisch-politischen Schlussbänden bildet die Tetralogie zugleich eine Antwort des Exilierten auf die Staatsverbrechen der NS-Zeit – Manns Werk wächst parallel zur sich ins Unermessliche steigernden verbrecherischen Entartung in seinem Vaterland.

Mose und der Exodus

In Ägypten vermehren sich die dorthin umgesiedelten Nachkommen Jakob-Israels endlich zum verheißenen großen Volk – und es folgt der in seiner Knappheit und Kürze ungeheuerliche Satz zum Thema Dankbarkeit in der Geschichte: »Da kam ein neuer König auf in Ägypten, der wusste nichts von Joseph« (Ex 1,8). Aus den geehrten Gästen werden binnen etlicher Generationen verhasste Fremdarbeiter und letztlich Sklaven. Sie lösen Überfremdungsängste aus und damit eine repressive Bevölkerungspolitik. Alle männlichen Nachkommen der Kinder Israel, die jetzt auch »Hebräer« heißen und als *Chabiru* oder *Habiru* in ägyptischen Quellen außerhalb der Bibel bezeugt sind (s. S. 81), sollen im Wasser ersäuft werden.

Einer überlebt und wird sogar am ägyptischen Königshof erzogen; »Mose« ist als Bestandteil ägyptischer Namen bekannt. Durch Strafwunder tut Gott dem Pharao seinen Willen kund, dieses Volk der Hebräer, sein Volk Israel, zu befreien. Als der König die Ausziehenden dennoch militärisch verfolgt, kommt es zum Wunder am Schilfmeer: Israel zieht trockenen Fußes durchs Meer, die nachsetzenden Ägypter kommen in den Fluten um.

Am Sinai erlebt das Volk unter gewaltigen Naturphänomenen, wie sie am ehesten einem Vulkanausbruch entsprechen (Ex 19,16–18), die Gegenwart Gottes, der ihnen gleichzeitig, vermittelt durch Mose, Gesetze gibt: nicht nur die Zehn Gebote (Ex 20), sondern auch ein komplettes Zivil- und Strafrechtsbuch sowie Kultgesetze; »der Jüden Sachsenspiegel« hat Luther diese Sammlung einmal genannt. Weitere Gesetze verkündet Gott dem Mose von der »Stiftshütte« aus, einer Art transportablem Sinai (Gen 33,7; Lev 1 ff.), oder Mose verkündet sie in Gottes Auftrag als Abschiedsrede an sein Volk (Deut 12–26). Selbst der spätere Tempelbau (Ex 25,1–31,17) und das zukünftige Königtum (Deut 14,14–20) finden in diesen Gesetzescorpora bereits ihre Regelung.

Während der ersten langen Legislaturperiode Gottes oben auf dem Berg verliert das Volk an seinem Fuße die Geduld, und Moses Bruder Aaron, der als Priester eigentlich dem Gottesmann oder Propheten Mose zur Seite stehen sollte, lässt als Gottesbild ein goldenes Kalb gießen, das das Volk prompt als seinen Gott verehrt, wie überhaupt der ganze Zug durch die Wüste vom Wechsel aus Abfall von und Heimkehr zu Gott geprägt ist. Noch angesichts des Gelobten Landes »murrt« das Volk und will wieder in die Sklaverei Ägyptens umkehren (Num 13 f.), weshalb Gott sie erst in das von ihm verheißene Land einziehen lässt, als nach insgesamt 40-jähriger Wüstenwanderung bis auf Josua und Kaleb die ganze Generation gestorben ist. Selbst Mose wird das verheißene Land nicht betreten: An seiner Schwelle segnet Mose noch einmal das ganze Volk, geordnet nach seinen auf Jakob-Israels Söhne zurückgehenden Stämmen (Deut 33) und nach dem Vorbild des Stammvaters selbst (Gen 49). Anschließend begegnet er Gott ein letztes Mal auf einem hohen Berg, der ihm das gesamte zukünftige Land Israels zeigt. Mose stirbt im Anblick der Verheißung und wird von Gott selbst begraben, weshalb niemand sein Grab kennt.

Thomas Mann hat den Mose-Stoff in seiner Erzählung »Das Gesetz« gestaltet, einer Auftragsarbeit für eine Anthologie über die Zehn Gebote und deren völlige Missachtung durch das nationalsozialistische Deutschland: *Ten Short Novels of Hitler's War against the Moral Code*«, New York 1943. Mann bittet sich aus, in seinem Beitrag das mosaische Gesetzgebungswerk insgesamt dichterisch behandeln zu dürfen und schildert so die Anfänge der Sittlichkeit sowie der Gesittung nach dem englischen Sprichwort »Cleanliness comes next to godliness«. Beide sind dem Menschen keineswegs von Anfang an zu eigen, wie einst Rousseau lehrte, sondern müssen in einem mühsamen und langwierigen Prozess anerzogen werden. Mensch und Volk sind im Naturzustand »ein bloßer Rohstoff aus Fleisch und Blut, dem die Grundbegriffe der Reinheit und Heiligkeit abgingen«. Diesen Weg zur Kultur (engl. *civilisation*) eingeschlagen zu haben, ist bleibendes Verdienst des von den Nazis verachteten und mit Auslöschung bedrohten jüdischen Volkes. In einem am Volk Israel paradigmatisch gezeigten mühsamen Prozess der Humanisierung kommt bei Thomas Mann Gott zur Welt und die Welt gerade in diesem so oft verfolgten und erachteten Volk zu Gott – worunter Mann ausschließlich einen immer wieder von Rückfällen und Rückschlägen bedrohten weltimmanenten Vorgang fortschreitender Humanisierung versteht.

Die Landnahme

Unter Josua erfolgt dann schließlich in einer Reihe von Kämpfen die Eroberung des dem Volk seit Abraham verheißenen Landes; den Stämmen werden feste Wohngebiete zugewiesen. Josua beendet sein Wirken mit einer Versammlung aller Stämme in Sichem (Jos 24). In seiner Ansprache rekapituliert er die großen Taten Gottes an seinem Volk seit Abraham. Dann fordert er alle zur Entscheidung auf: Sie können sich nicht nur zwischen JHWH und den Göttern des besetzten Landes entscheiden – Josua nennt eigentümlicherweise eine dritte Möglichkeit: »die Götter, denen eure Väter gedient haben jenseits des Stromes (= des Jordans) und in Ägypten« (Jos 24,14 u. 15) – als wäre das nicht immer schon JHWH gewesen (s. S. 56) – für den Exegeten eine Spur des lange Zeit mit der exklusiven JHWH-Verehrung koexistierenden und konkurrierenden faktisch praktizierten Polytheismus. Das Volk wiederholt die Heilstaten Gottes, Josua legt ihnen erneut die Gesetze vor und schließt auf dieser Grundlage erneut einen »Bund *(berit)* mit dem Volk« (Jos 24,25).

Die Richterzeit

Israel existiert jetzt als Verband landbesitzender Stämme ohne feste Herrschaftsstrukturen. Die Stämme haben ihre »Ältesten«, darüber hinaus scheint es ein Amt der »Richter Israels« zu geben, die das seit dem Sinai so wichtige Gesetz pflegen und verkünden. Es ist nicht erblich und scheint unter den Stämmen zu wechseln; Listen mit Amtszeiten finden sich im *Buch der Richter* (Ri 10,1–5; 12,7 ff.).

Was bei der Wüstenwanderung begann, setzt sich fort: Das Volk fällt immer wieder von JHWH ab und wendet sich den kanaanitischen Lokalgottheiten zu. Dann sucht der Herr es strafend heim und lässt es seinen Feinden unterliegen. Wenn es dann verzweifelt wieder zu ihm »schreit«, erweckt er ihm ekstatische Führer und Führerinnen, die ebenfalls »Richter« genannt werden und die Feinde besiegen; bis heute berühmt sind die Richterin Debora (Ri 4; 5) und ihre männlichen Kollegen Gideon (Ri 6–8) und Simson (Ri 13–16), von denen farbige Sagen erzählt werden.

In diesem wechselnden Rhythmus von Abfall und Strafe einerseits und Rückkehr und Rettung andererseits erfährt Israel seinen Gott als Herrn der Geschichte. Als solcher ist er weder nach Napoleons Ausspruch immer auf der Seite der stärkeren Bataillone noch, wie es sich für einen Volksgott gehören sollte, auf der seines Volkes. Er ist ein Gott, der, wie Helmuth von Moltke am Tage der französischen Kriegserklärung 1870 in sein Tagebuch schrieb, auch durch Niederlagen zum Siege führt.

Die Stämme Israels, die »Amphiktyonie«, die »Bundeslade« oder die »Lade JHWHs«

Der Alttestamentler Martin Noth (1902–1968) hat 1930 in Analogie zu italischen und griechischen Städtebünden, etwa dem um das zentrale Apollo-Heiligtum in Delphi, die zwölf Stämme Israels und ihren Zusammenhang als Amphiktyonie (gr. = ›Bund der Umwohnenden‹) gedeutet. Wie die griechischen Stadtstaaten sich zu zwölft um das zentrale Heiligtum Delphi vereinigt haben, um es im monatlichen Wechsel zu unterhalten, haben sich die israelischen Stämme nach der Sesshaftwerdung um das Heiligtum der »Lade JHWHs« formiert. Die Herkunft von einem Stammvater Israel und seinen zwölf Söhnen, die die Namen der späteren Stämme tragen, wäre dagegen historisch wie ethnologisch ohne Beispiel und stellt daher eine späte ätiologische Legende dar.

Die Beziehung der tragbaren Lade zum JHWH-Kult ist völlig unklar, Deutungen reichen von einem Thron für den unsichtbaren Gott bis zum Behälter für Götterfiguren oder Schriften. Vielleicht ist sie kanaanitischen Ursprungs und wurde auf JHWH umgewidmet. Sie wurde in Kriegszügen mitgeführt, ging einmal an die Philister verloren; David überführte sie in seine neue Hauptstadt Jerusalem, und Salomo stellte sie in den Tempel, mit dessen Zerstörung sie dann spätestens 587 v. Chr. untergegangen ist. In dieser späten Zeit hat sie dann die geistreiche Umdeutung zum Schrein für die Gesetzestafeln mit den Zehn Geboten erfahren – Gott ist allein in seinem Wort anwesend. Damit wird sie an die Gesetzgebung am Sinai gebunden und wird wortwörtlich zur »Bundeslade«. In den älteren Berichten ist mit der Lade JHWH selbst physisch gegenwärtig, heilvoll oder unheilvoll, Freude oder Schrecken verbreitend. An diesen vielfach bezeugten numinosen Charakter knüpft der Spielberg-Film *Jäger des verlorenen Schatzes* (1980) an.

Noths Amphiktyoniethese, die fast 50 Jahre lang als gesichert galt, wird heute aufgrund der Quellenkritik und der derzeit erheblich späteren Datierung des JHWH-Monotheismus kaum noch vertreten. Die mythische Größe »Israel« (= ›Streiter Gottes‹) ist mit dem allgemein bei den Semiten verehrten Obergott El gebildet und gerade nicht mit dem exklusiven JHWH. Von einigen Forschern wird sogar angenommen, dass lediglich die Stämme des Israel genannten Nordreichs so bezeichnet wurden und dass die Einbeziehung auch des Südreichs Juda in eine mythische Gesamtkörperschaft »Israel« erst nach dem Ende des Nordreichs 722 v. Chr. stattgefunden hat.

Die Preisgabe der Noth'schen These vermag allerdings nicht die bis ins *Neue Testament* hinein feste Zwölfzahl – zwölf Apostel als Vertreter des neuen Israel – und die ebenso feste Überlieferung der Namen von Stämmen erklären, die historisch längst keine Rolle mehr spielten: Ausgerechnet zu dem nach Jakobs Erstgeborenem Ruben benannten Stamm gibt es keine sicheren historischen Nachrichten. Warum sollte man dergleichen in der Königszeit ohne erkennbare Funktion erfinden? Und warum sollte Juda den Namen des 722 v. Chr. untergegangen Nordreichs Israel als Übernamen annehmen? »Wir wissen heute weniger als Alt und Noth« (Gunneweg, s. S. 39).

Samuel

Samuel scheint der letzte Richter im Doppelsinne gewesen zu sein, Heerführer und Gesetzeswahrer, daneben erscheint er als Priester, Gottesmann, Prophet und vor allem als Königsmacher. Hier ist die Überlieferung auf fesselnde Weise zwiespältig. Samuel warnt einerseits vor dem Königtum, weil es den Anspruch JHWHs als des alleinigen Führers seines Volkes und darüber hinaus insbesondere die seit dem Exodus mit JHWH verbundene Befreiungstheologie schmälert, begründet es doch geradezu eine neue Knechtung des Volks. Zum anderen folgt Samuel entgegen der eigenen Warnung dem Wunsch des Volkes, es endlich den Nachbarvölkern gleichzutun, wählt ihm seine ersten beiden Könige selbst mit Gottes Hilfe aus und salbt sie.

> Und Samuel sagte alle Worte des HERRN dem Volk, das von ihm einen König forderte, und sprach: Das wird des Königs Recht sein, der über euch herrschen wird: Eure Söhne wird er nehmen für seinen Wagen und seine Gespanne, und dass sie vor seinem Wagen herlaufen, und zu Hauptleuten über Tausend und über Fünfzig, und dass sie ihm seinen Acker bearbeiten und seine Ernte einsammeln und dass sie seine Kriegswaffen machen und was zu seinen Wagen gehört. Eure Töchter aber wird er nehmen, dass sie Salben bereiten, kochen und backen. Eure besten Äcker und Weinberge und Ölgärten wird er nehmen und seinen Großen geben. Dazu von euren Kornfeldern und Weinbergen wird er den Zehnten nehmen und seinen Kämmerern und Großen geben. Und eure Knechte und Mägde und eure besten Rinder und eure Esel wird er nehmen und in seinen Dienst stellen. Von euren Herden wird er den Zehnten nehmen, und ihr müsst seine Knechte sein. Wenn ihr dann schreien werdet zu der

Zeit über euren König, den ihr euch erwählt habt, so wird euch der HERR zu derselben Zeit nicht erhören. Aber das Volk weigerte sich, auf die Stimme Samuels zu hören, und sie sprachen: Nein, sondern ein König soll über uns sein, dass wir auch seien wie alle Völker, dass uns unser König richte und vor uns her ausziehe und unsere Kriege führe! (1 Sam 8,11–17)

Saul, David, Salomon

Der daraufhin von Samuel gesalbte Saul (1 Sam 10) ist in erster Linie Heerkönig; nach dem Sieg über die Ammoniter wird sein Königtum in Gilgal per Akklamation erneuert bzw. bestätigt (1 Sam 11,14 f.). Zu seiner Residenz macht er seinen Heimatort Gibea; Reste seiner bescheidenen Königsburg wurden Ende des vorigen Jahrhunderts ausgegraben. Saul ist König über die Stämme Israels, nicht über ein Gebiet, was ihm letztlich zum Verhängnis wird: Vor der entscheidenden Schlacht gelingt es den Philistern, in der Jesreel-Ebene Aufstellung zu nehmen, die die mittelpalästinensischen Stämme von den galiläischen trennt, auf deren Heeresaufgebot Saul deshalb verzichten muss. Sein Heer wird vernichtend geschlagen, seine mit ihm ins Feld gezogenen Söhne fallen, er selbst stürzt sich, verwundet und von Feinden eingeschlossen, in sein Schwert. Sein Nachfolger, der auch später als Dichter von Psalmen berühmte David, stimmt für ihn ein Klagelied an; berühmt ist der Preis seiner Freundschaft mit Jonathan – »deine Liebe ist mir wundersamer gewesen, als Frauenliebe ist«.

Und David sang dieses Klagelied über Saul und Jonatan, seinen Sohn, und befahl, man sollte die Judäer das Bogenlied lehren. Siehe, es steht geschrieben im Buch des Redlichen: Die Edelsten in Israel sind auf deinen Höhen erschlagen. Wie sind die Helden gefallen! Sagt's nicht an in Gat, verkündet's nicht auf den Gassen in Aschkelon, dass sich nicht freuen die Töchter der Philister, dass nicht frohlocken die Töchter der Unbeschnittenen. Ihr Berge von Gilboa, es soll weder tauen noch regnen auf euch, ihr trügerischen Gefilde; denn daselbst wurde der Helden Schild entweiht, der Schild Sauls, als wäre er nicht gesalbt mit Öl. Der Bogen Jonatans hat nie gefehlt, und das Schwert Sauls ist nie leer zurückgekommen von dem Blut der Erschlagenen und vom Mark der Helden. Saul und Jonatan, geliebt

> und einander zugetan, im Leben und im Tod nicht geschieden; schneller waren sie als die Adler und stärker als die Löwen. Ihr Töchter Israel, weint über Saul, der euch kleidete mit kostbarem Purpur und euch schmückte mit goldenen Kleinoden an euren Kleidern. Wie sind die Helden gefallen im Streit! Jonatan ist auf deinen Höhen erschlagen! Es ist mir leid um dich, mein Bruder Jonatan, ich habe große Freude und Wonne an dir gehabt; deine Liebe ist mir wundersamer gewesen, als Frauenliebe ist. Wie sind die Helden gefallen und die Waffen des Krieges verloren.

Rilke inspirierte Davids Vorbild 3000 Jahre später zu einer eigenen »Klage um Jonathan« (*Der neuen Gedichte anderer Teil*, 1908).

Sauls Untergang wird im Horizont der uns schon bekannten Geschichtstheologie durch seinen Ungehorsam begründet. Er unterliegt und fällt, weil JHWH schon zu Samuels Lebzeiten die Hand von ihm abgezogen hat (1 Sam 15) und den Knaben David an seiner Statt von Samuel zum König hat salben lassen (1 Sam 16). Der wegen seines Harfenspiels berühmte David kommt zufällig an Sauls Hof, weil der von Gott verlassene König schwermütig wird, wogegen Davids Harfenspiel helfen soll. David wird bald zum Vertrauten, steigt zum Waffenträger des Königs auf, Jonathan, der schöne Sohn Sauls, wird sein enger Freund und durch die Heirat mit der Königstochter Michal wird David sogar Sauls Schwiegersohn.

So verlagert sich der Schwerpunkt der Geschichte von Sauls Niedergang auf Davids Aufstieg. Nach Sauls Tod wird er König seines Heimatstaats Juda (2 Sam 2,1–4); später nehmen auch die Vertreter des Nordstaats Israel Beziehungen mit ihm auf; mit ihnen schließt David einen Bund und wird danach auch von ihnen zum König gesalbt (2 Sam 5,1–3), verbindet also die beiden Volksteile in Personalunion. Zudem erobert er Jerusalem und wird dort aus eigenem Recht Stadtkönig. Indem er die Bundeslade dorthin bringen lässt, macht er es auch zum Kultzentrum – die künftige »Stadt Gottes«, bis heute umstrittener Hauptort dreier Weltreligionen, ist zugleich die »Stadt Davids«. Für zwei Generationen von etwa 1000 bis 931 v. Chr. lebt »Israel« in einem Territorialstaat, deckt sich aber nicht mit ihm, da dieser auch stammesfremde Gebiete umschließt.

Getrübt wird die von Gott sichtbar gesegnete Herrschaft Davids in den letzten Regierungsjahren durch Aufstände – so im Nordreich unter Seba (2 Sam 20) und Wirren um die nicht geregelte Thronfolge, für die diverse Söhne verschiedener Frauen infrage kommen. Absalom empört sich noch zu Davids Lebzeiten zunächst erfolgreich gegen seinen Vater (2 Sam 15–18). Die Putschpläne des Davidsohns Adonias wirkten noch über den Thronantritt Salomos hinaus, für den seine Mutter Bathseba die Salbung zu Lebzeiten Davids erkämpft hatte (1 Kön 1–2,25). Absaloms in der Bibel so ausführlich wie farbig erzählter Aufstand (1 Kön 15–19) inspirierte Rainer Maria Rilke zur prunkvoll gereimten Ballade »Absaloms Abfall« (*Der neuen Gedichte anderer Teil*, 1908). In William Faulkners Roman *Absalom, Absalom!* (1936) wird der Aufstand des Sohnes gegen den Vater zum mythischen Archetypen des Sohn-Vater-Konflikts; der Titel zitiert Davids leidenschaftliche Klage um den im Aufstand zu Tode gekommenen Sohn (2 Sam 19,4), die der Vater allen erlittenen Demütigungen und Todesgefahren zum Trotz anstimmt. Faulkner nannte als zentrales Thema des großen Südstaatenromans einmal: »Sutpen war ein Mann, der Söhne wollte und den die Söhne zerstört haben«.

Salomo zeichnet sich durch Prachtentfaltung aus, wozu Tempel- und Palastbau gehören, und durch seine Weisheit. Wie auf seinen Vater, den Sänger und Harfenspieler, der Legende nach viele Psalmen zurückgehen sollen, werden ihm später Weisheitsbücher und die Dichtung des *Hohen Liedes* zugeschrieben (1 Kön 5,9–12 u. S. 126). Der Ruhm seiner Pracht und seiner Weisheit dringt bis ins Innere Afrikas und verlockt die Königin von Saba zu einem Besuch, bei dem sie alles noch viel prächtiger und Salomo viel weiser findet, als sie es sich vorstellen konnte (1 Kön 10,1–13). Gepriesen werden auch sein Friedensregiment, für das er aber zahlreiche Festungen bauen und mit den neu aufgekommenen und bislang in Israel unbekannten Streitwagen hochrüsten muss, und seine internationalen Beziehungen. Verdunkelt wird sein Bild außer durch die Säuberungsaktionen anlässlich seiner Thronbesteigung wiederum gegen Lebensende durch die mit seinem riesigen internationalen Harem begründete Vielgötterei (1 Kön 11,1–9) und durch Einführung der Fronarbeit, wodurch es zu einem Arbeiteraufstand unter dem Bauführer Jerobeam kommt (1 Kön 11,23 ff.). Jerobeam flieht ins Exil nach Ägypten.

Berühmt wurde des Königs salomonisches Urteil zum plötzlichen Kindstod:

> Zu der Zeit kamen zwei Huren zum König und traten vor ihn. Und die eine Frau sprach: Ach, mein Herr, ich und diese Frau wohnten im selben Hause, und ich gebar bei ihr im Hause. Und drei Tage, nachdem ich geboren hatte, gebar auch sie. Und wir waren beieinander, und kein Fremder war mit uns im Hause, nur wir beide. Und der Sohn dieser Frau starb in der Nacht; denn sie hatte ihn im Schlaf erdrückt. Und sie stand in der Nacht auf und nahm meinen Sohn von meiner Seite, als deine Magd schlief, und legte ihn in ihren Arm, und ihren toten Sohn legte sie in meinen Arm. Und als ich des Morgens aufstand, um meinen Sohn zu stillen, siehe, da war er tot. Aber am Morgen sah ich ihn genau an, und siehe, es war nicht mein Sohn, den ich geboren hatte. Die andere Frau sprach: Nein, mein Sohn lebt, doch Jene aber sprach: dein Sohn ist tot, doch mein Sohn lebt. Und so redeten sie vor dem König.
> Und der König sprach: Diese spricht: Mein Sohn lebt, doch dein Sohn ist tot. Jene spricht: Nein, dein Sohn ist tot, doch mein Sohn lebt. Und der König sprach: Holt mir ein Schwert! Und als das Schwert vor den König gebracht wurde, sprach der König: Teilt das lebendige Kind in zwei Teile und gebt dieser die Hälfte und jener die Hälfte. Da sagte die Frau, deren Sohn lebte, zum König – denn ihr mütterliches Herz entbrannte in Liebe für ihren Sohn – und sprach: Ach, mein Herr, gebt ihr das Kind lebendig und tötet es nicht! Jene aber sprach: Es sei weder mein noch dein; lasst es teilen!
> Da antwortete der König und sprach: Gebt dieser das Kind lebendig und tötet's nicht; die ist seine Mutter. Und ganz Israel hörte von dem Urteil, das der König gefällt hatte, und sie fürchteten den König; denn sie sahen, dass die Weisheit Gottes in ihm war, Gericht zu halten. (1 Kön 3,16–28)

Die noch heutigen Lesern auffallenden Spuren der redaktionellen Arbeit an den diversen Überlieferungen (s. S. 69) regte den damals in der DDR lebenden deutsch-amerikanischen Schriftsteller Stefan Heym (1913–2001) zu seinem *Der König-David-Bericht* (1972) an. Heym wählt die Fiktion, Salomo habe einen Schreiber Ethan, den das *1. Buch der Könige* (1 Kön 5,11) beiläufig erwähnt und dem der Psalm 89 zugeschrieben wird, mit der Abfassung eines offiziellen Berichts über Aufstieg und Königtum Davids beauftragt, wobei es durchaus im Bereich des Möglichen liegt, dass man in der frühen Königszeit Geschichten über die Anfänge gesammelt hat, die dann später in den Samuel- und Königs-Büchern verarbeitet wurden. Heym tut nichts anderes, als die äußerst widersprüchlichen Berichte der Bibel als Ergebnisse der jeweiligen Recherchen Ethans zu erzählen, dem er sozusagen die Arbeit der späteren Redaktoren im babylonischen Exil zuschreibt:

Einmal kommt David als Harfenspieler und Musiktherapeut des Königs an den Hof, dann besiegt er als Hirtenknabe den Goliath und begegnet so dem König, daneben kommt er als recht skrupelloser Söldnerführer, der eine Zeitlang sogar für die Philister, die Feinde Israels, kämpft, zu Reichtum und Macht. Fakten sollen geschönt werden, um die damals um David und Salomo wirklich entstehende Königstheologie – der König als der Gesalbte, der »Messias«, des Herrn – geschichtlich zu legitimieren. Letztlich verschwinden die Recherchen als zu brisant ungelesen im Geheimarchiv, und der in Ungnade gefallene Ethan muss froh sein, dass er überhaupt mit dem Leben davonkommt. Gelesen wurde dies die biblische Geschichte als Heilsgeschichte als bloßes Konstrukt entlarvende Buch des DDR-Schriftstellers jüdischer Herkunft mit amerikanischem Pass als Kritik an den gängigen Praktiken der ebenso manipulativen offiziellen marxistischen Geschichtsschreibung, etwa zu Lenin, Trotzki und Stalin.

Die Reichsteilung

In dieser letzten Salomozeit liegt bereits die Reichsteilung begründet. Wie einst Samuel dem Knaben David die Königswürde verlieh, so verheißt sie jetzt der Prophet Ahia von Silo dem Jerobeam: Um Davids willen soll Rehabeam, der Nachfolger Salomos nicht völlig verstoßen werden, aber nur das Königtum in Juda wird ihm bleiben; über die übrigen Stämme wird im Nordstaat Israel Jerobeam herrschen. Nach Salomos Tod verhandeln die Nordstämme – die ja schon mit David verhandelt hatten, bevor sie ihn salbten – zunächst mit seinem Sohn und Nachfolger Rehabeam über die Erleichterung der Frondienste. Die alten Diener seines Vaters raten ihm nachzugeben, die *jeunesse dorée* – heute würde man sagen: Yuppies – aus seiner eigenen Umgebung hingegen empfiehlt sogar eine Verschärfung der Maßnahmen – dem meuternden Volk soll er das recht bildkräftige Wort entgegenhalten: »Mein kleiner Finger ist dicker als meines Vaters Lenden« – d. h. in ihm steckt mehr Manneskraft als in meines Vaters Phallus und wenn ihr jetzt über sein Regiment klagt, sollt ihr meines erst mal kennenlernen! (1 Kön 12,10). Mit dem Ruf, der schon die Losung des Seba-Aufstands war, »Was haben wir für Teil an David?« (1 Kön 12,16; s. 2 Sam 20,1), sagen sie sich los und machen Jerobeam zum König von Israel, und Rehabeam wird lediglich in Juda König.

Da das neue Zentralheiligtum nun sozusagen im Ausland, in Judas Hauptstadt Jerusalem liegt, errichtet Jerobeam für sein Reich zwei Stierbilder an den alten Heiligtümern Bethel und Dan, sehr wahrscheinlich als Thron für JHWH gedacht, vom Geschichtsschreiber aber als Götzendienst gedeutet. Ebenso wird ihm auch die Wiedereinrichtung von Höhenheiligtümern in kanaanitischer Tradition vorgeworfen, ein Vergehen, dessen auch sein Kollege Rehabeam von Juda bezichtigt wird.

Die späte Königszeit

Die weitere Geschichtsschreibung folgt exakt dem Schema seit der Wüsten- und vor allem der Richterzeit. Der Abfall böser Könige wird bestraft, letztlich mit dem Untergang des Nordreichs Israel durch assyrische Eroberung 722 v. Chr., Reformen guter Könige entsprechend belohnt, dies sind vor allem Hiskia von Juda mit einer Kultreform um 700 v. Chr. und Josias mit seiner Reform von 621, von denen noch die Rede sein wird. 597 wird Jerusalem zum ersten Mal von den Babyloniern belagert; der junge König Jojachin geht mit Familie und Hofstaat zu den Feinden hinaus und kapituliert; Jerusalem bleibt unzerstört und König und Oberschicht von Stadt und Staat werden nach Babylon deportiert – laut dem Propheten Jeremia ein Strafgericht Gottes (Jer 22,24–30).

Von den Babyloniern wird Jojachins Onkel Zedekia als König eingesetzt; er schließt sich einer von Ägypten unterstützten Aufstandsbewegung gegen Babylon an. Nach gescheitertem ägyptischem Entsatz wird Jerusalem anderthalb Jahre lang belagert und im Sommer 586 erobert, geplündert und niedergebrannt. Auch der seiner Schätze beraubte Tempel Salomos fällt den Flammen zum Opfer; die Stadtmauern werden geschleift. Wieder muss die Oberschicht ins Exil, darunter wohl auch der Prophet Ezechiel; Juda wird dem babylonischen Provinzensystem eingegliedert. Die später Jeremia zugewiesenen sieben Klagegesänge sind die eines auf Jerusalems Trümmern Zurückgebliebenen.

Dass Israel im Exil nicht nur überlebt, sondern nachgerade in einer theologischen und kulturellen Hochblüte zu JHWH und damit zu sich selbst findet, hat es den Propheten zu verdanken, die die späte Königszeit begleitet haben und die Israel im Exil und in der Zeit danach zu seiner wahren Identität jenseits der Staatlichkeit finden lassen.

III Kritik an der Historizität der israelischen Geschichtstheologie

Seit die Aufklärung begann, einen historischen Blick auf die Bibel zu werfen, mussten die eklatanten inneren Widersprüche der biblischen Bücher auffallen. Die mit Davids Aufstieg verbundenen wurden schon angesprochen; aber solche Widersprüche finden sich in den biblischen Texten von Anfang an. So wird die Erschaffung des Menschen doppelt erzählt, einmal als Spezies, und zwar zugleich als Mann und als Frau (Gen 1,26–28) rein durch das Wort, dann knetet Gott in Töpferarbeit erst Adam (Gen 2,7) und formt aus seiner Rippe dann Eva (Gen 2,21–25).

Ebenso wird die Sintflut mit völlig verschiedenen Angaben zu Dauer, zur Arche, zur Rettung der Tiere doppelt erzählt (Gen 6–8); ganz offensichtlich wurden hier zwei verschiedene Berichte ineinandergeschoben. Die Rettung der Stammmutter wird zweimal von Sara (Gen 12,10 ff.; Gen 20) und einmal von Rebekka (Gen 26) erzählt, das Heiligtum Bethel gleich mehrfach begründet (Gen 12,8; 28,11–22; 35,1 ff.).

Goethes Forschungen zur Hebräischen Bibel

Der junge Goethe, der schon in seiner frühen Jugend die Bibel wiederholt von Deckel zu Deckel gelesen hatte und der Zeit seines Lebens nachgerade »bibelfest« war (man kennt alle Stellen der Bibel fast auswendig, wer nur die größeren Abschnitte kennt, ist »kapitelfest«), hat 1773 einen anonymen Aufsatz veröffentlicht: *Zwo wichtige bisher unerörterte biblische Fragen zum erstenmal gründlich beantwortet, von einem Landgeistlichen in Schwaben.* Die »Erste Frage. Was stund auf den Tafeln des Bunds?« beantwortet er damit, dass ursprünglich gar nicht die zehn Gebote auf den beiden Tafeln des Mose gestanden hätten, sondern ein im 2. *Buch Mose* (Ex 34,14–27) erhaltenes Kultgesetz, das eben keine Menschheitsethik enthält, sondern Israels Sonderverhältnis zu seinem Gott regelt. Goethe hat damit fast 150 Jahre lang den Beifall der alttestamentlichen Wissenschaft gefunden, bis sein angeblich »ursprünglicher Dekalog« als späte Zusammenstellung von Kultvorschriften für Laien eingeschätzt wurde. Sein Ansatzpunkt allerdings ist unbestreitbar: Wer den Rahmen um die Gebotsverkündung in Ex 19,17–25 und 20,18 ff. unbefangen liest und dann noch sagen kann, wer – Gott, Mose, Aaron, die Priester, das Volk – sich wann wo befunden haben mag, als Gott die zehn Gebote erlassen haben soll, muss eine rege Fantasie haben. Goethe hat also insofern recht gehabt, als an ihrer jetzigen Stelle (Ex 20) die Zehn Gebote nicht ursprünglich sind (s. dazu S. 101).

Goethes *Zehn Gebote* lauten nach Ex 34,14–27:

1. Du sollst keinen andern Gott anbeten.
2. Das Fest der ungesäuerten Brod sollst du halten.
3. Alles was seine Mutter am ersten bricht, ist mein, was männlich seyn wird in deinem Vieh es sey Ochse oder Schaaf.
4. Sechs Tage sollst du arbeiten, am siebenten Tage sollst du feyern beydes mit Pflügen und Erndten.
5. Das Fest der Wochen sollst du halten mit den Erstlingen der Waizenerndte, und das Fest der Einsammlung, wenn das Jahr um ist.
6. Dreymal im Jahr sollen alle Mannsnamen erscheinen vor dem Herrn.
7. Du sollst das Blut meines Opfers nicht opfern auf dem gesäuerten Brod.
8. Das Opfer des Osterfests soll nicht über Nacht bleiben.
9. Das Erstling der Früchte deines Ackers sollst du in das Haus des Herrn bringen.
10. Du sollst das Böcklein nicht kochen, wenns noch an seiner Mutter Milch ist.

Goethe hat sich lebenslang dieses besondere Interesse an der von ihm nahezu auswendig beherrschten Bibel bewahrt, vor allem an der Hebräischen Bibel; zu ihr kehrt er in seiner *Divan*-Phase in der zweiten Häfte der 1810er-Jahre so extensiv wie intensiv zurück: Angeregt von einer deutschen Übersetzung von Gedichten des persischen Dichters Hafis (1326–1390) durch Joseph von Hammer schuf Goethe vor allem 1814 und 1815 in einer seiner reichsten lyrischen Schaffensperioden Gedichte im orientalischen Stil, den 1819 erschienenen *West-Östlichen Divan* (Divan = Versammlung, hier von Gedichten).

In den dem Lyrikteil beigegebenen »Noten und Abhandlungen zu besserem Verständniß des West-Östlichen Divans« geht Goethe auch auf seine frühen Bibelstudien ein, in denen sich ihm unter Anleitung Herders die Bibel als frühe orientalische Poesie erschlossen hatte. Neben Herder war auch der 1775 bis 1788 in Jena orientalische Sprachen lehrende Theologe Johann Gottfried Eichhorn, einer der Begründer der historisch-kritischen Bibelexegese, für Goethes Sicht des *Alten Testaments* wichtig.

Indem Goethe so seine lebenslangen Bibelstudien für die eigene Aneignung des Islam – und die seiner Leser – nutzbar macht und beides, Jüdisch-Christliches wie Muslimisches, kulturwissenschaftlich zusammen sieht und würdigt, wird er zum Vorbild einer heutigen westlichen Amalgamierung des Islam und neben Averroës alias Ibn Rushd zum Namengeber einer 2017 gegründeten Berliner Reformmoschee. Averroës (1126–1198) gilt nach einer Formulierung des Theologen und Religionswissenschaftlers Carsten Colpe als »Endpunkt in der islamischen Philosophie, aber eines Beginns in der abendländischen«. In beider Namen soll die »Ibn-Rushd-Goethe-Moschee« Heimstatt eines in Gebet und Predigt Frauen wie Männern gemeinsamen liberalen Islams werden und den verschiedenen islamischen Konfessionen offenstehen.

Goethe beginnt seine Einführung in die orientalische Dichtung mit den »Hebräern«:

> »Naive Dichtkunst ist bey jeder Nation die erste, sie liegt allen folgenden zum Grunde; je frischer, je naturgemäßer sie hervortritt, desto glücklicher entwickeln sich die nachherigen Epochen.
> Da wir von der orientalischen Poesie sprechen, so wird nothwendig der Bibel, als der ältesten Sammlung, zu gedenken. Ein großer Theil des Alten Testaments ist mit erhöhter Gesinnung, ist enthusiastisch geschrieben und gehört dem Felde der Dichtkunst an […] Beyspiels

willen jedoch gedenken wir des Buches Ruth, welches bey seinem hohen Zweck, einem würdigen Könige von Israel anständige, interessante Voreltern zu verschaffen, zugleich als das lieblichste kleine Ganze betrachtet werden kann, das uns episch und idyllisch überliefert worden ist.

Wir verweilen sodann einen Augenblick bei dem hohen Lied, als dem zartesten und unnachahmlichsten was uns von Ausdruck leidenschaftlicher, anmuthiger Liebe zugekommen. Wir beklagen freylich daß uns die fragmentarisch durcheinander geworfenen, übereinander geschobenen Gedichte keinen vollen reinen Genuß gewähren, und doch sind wir entzückt uns in jene Zustände hinein zu ahnden, in welchen die Dichtenden gelebt. Durch und durch wehet eine milde Luft des lieblichsten Bezirks von Canaan; ländlich trauliche Verhältnisse, Wein-, Garten- und Gewürzbau, etwas von städtischer Beschränkung, sodann aber ein königlicher Hof, mit seinen Herrlichkeiten im Hintergrunde. Das Hauptthema jedoch bleibt glühende Neigung jugendlicher Herzen, die sich suchen, finden, abstoßen, anziehen, unter mancherley höchst einfachen Zuständen.

Mehrmals gedachten wir aus dieser lieblichen Verwirrung einiges herauszuheben, aneinander zu reihen; aber gerade das Räthselhaft-Unauflösliche giebt den wenigen Blättern Anmuth und Eigenthümlichkeit. Wie oft sind nicht wohldenkende, ordnungsliebende Geister angelockt worden irgend einen verständigen Zusammenhang zu finden oder hinein zu legen und einem folgenden bleibt immer dieselbe Arbeit.

[…] Und so dürfte Buch für Buch das Buch aller Bücher darthun, daß es uns deshalb gegeben sey, damit wir uns daran, wie an einer zweiten Welt, versuchen, uns daran verirren, aufklären und ausbilden mögen.«

Er fügt dann in den *Divan*-Anhang einen schon im Wesentlichen 1797 entstanden Aufsatz zum 2. bis 5. *Buch Mose* ein. Darin heißt es:

»Hier fragen wir nun, ehe wir weiter gehen und uns durch sonderbar, ja unglücklich redigirte Bücher mühsam durcharbeiten; was wird uns denn als Grund, als Urstoff von den vier letzten Büchern Mosis übrig bleiben, da wir manches dabey zu erinnern, manches daraus zu entfernen für nöthig finden?

Das eigentliche, einzige und tiefste Thema der Welt- und Menschengeschichte, dem alle übrigen untergeordnet sind, bleibt der Conflict des Unglaubens mit dem Glauben […] Die vier letzten Bücher Mosis haben, wenn uns das erste den Triumph des Glaubens darstellte, den

Unglauben zum Thema, der, auf die kleinlichste Weise, den Glauben, der sich aber freylich auch nicht in seiner ganzen Fülle zeigt, zwar nicht bestreitet und bekämpft, jedoch sich ihm von Schritt zu Schritt in den Weg schiebt […]
Wenn uns das Ungemüthliche dieses Inhalts, der, wenigstens für den ersten Anblick, verworrene, durch das Ganze laufende Grundfaden unlustig und verdrießlich macht, so werden diese Bücher durch eine höchst traurige, unbegreifliche Redaction ganz ungenießbar. Den Gang der Geschichte sehen wir überall gehemmt durch eingeschaltete zahllose Gesetze, von deren größten Theil man die eigentliche Ursache und Absicht nicht einsehen kann, wenigstens nicht warum sie in dem Augenblick gegeben worden, oder, wenn sie spätern Ursprungs sind, warum sie hier angeführt und eingeschaltet werden. Man sieht nicht ein, warum bey einem so ungeheuren Feldzug, dem ohnehin so viel im Wege stand, man sich recht absichtlich und kleinlich bemüht, das religiöse Ceremonien-Gepäck zu vervielfältigen, wodurch jedes Vorwärtskommen unendlich erschwert werden muß. Man begreift nicht, warum Gesetze für die Zukunft, die noch völlig im Ungewissen schwebt, zu einer Zeit ausgesprochen werden, wo es jeden Tag, jede Stunde, an Rath und That gebricht […].
Um mich nun in diesem Labyrinthe zu finden, gab ich mir die Mühe, sorgfältig zu sondern, was eigentliche Erzählung ist, es mochte nun für Historie, für Fabel, oder für beides zusammen, für Poesie gelten. Ich sonderte dieses von dem was gelehret und geboten wird.«

Indem Goethe die genannten Stationen der »Caravane« auf die wirklich durch Geschehnisse gefüllten reduziert, einen geografisch vertretbaren Weg rekonstruiert und den samt Pausen zeitlich nachrechnet, kommt er auf weniger als zwei Jahre, in denen der Jordan erreicht werden konnte.

Was Goethe dann abschließend schreibt, gilt auch heute noch für jede wissenschaftliche Exegese des Überlieferten als Hinführung zum »innerlichen, eigentlichen Ur- und Grundwerth« und mag den folgenden Ausführungen als Motto dienen:

»Kein Schade geschieht den heiligen Schriften, so wenig als jeder anderen Überlieferung, wenn wir sie mit critischem Sinne behandeln, wenn wir aufdecken, worin sie sich widerspricht, und wie oft das Ursprüngliche, Bessere, durch nachherige Zusätze, Einschaltungen und Accommodationen verdeckt, ja entstellt worden. Der innerliche, eigentliche Ur- und Grundwerth geht nur desto lebhafter und reiner hervor.«

Das Vierquellen-Modell

Alle diese hier von Goethe genannten und zahllose weitere Widersprüche schienen durch eine viele Jahrzehnte lang gültige Erklärung von großer Evidenz und Stringenz für immer gelöst – sie macht die von Goethe beklagte »höchst traurige« und ihm »unbegreifliche Redaction« einigermaßen plausibel und einleuchtend. Wegen seiner langen Geltungsdauer und Plausibilität sei das Vierquellen-Modell hier kurz referiert.

Schon früh war aufgefallen, dass im *Pentateuch* zwei Gottesbezeichnungen nebeneinanderstehen, JHWH und »Elohim«. Dabei ergab sich, dass man schon anhand dieses Kriteriums zwei Textschichten sondern konnte, denen man »Autoren« mit den Notnamen »Jahwist« und »Elohist« zuordnete.

Aufgrund der Erzählinhalte setzte man ersteren um 950 v. Chr. in der Regierungszeit Salomos an: Der auf dem Höhepunkt seiner Macht und Ausdehnung befindliche Davidsstaat versichert sich seiner Vorgeschichte in einem epischen Großwerk der Menschheitsgeschichte, das von der Paradiesesgeschichte (Gen 2,5) über die Väter- und Mosesgeschichten bis zur Landnahme reichte.

Der Elohist dagegen wurde um 800 v. Chr. angesetzt; er wird sein Geschichtswerk mit der Berufung Abrahams zum Stammvater eines Gottesvolks (1. Mos 12) begonnen haben. Beide Geschichtswerke wurden dann von einem nach den Konsonanten des einen und den Vokalen des anderen »Jehowisten« genannten Redaktor ineinander gearbeitet, wobei dieser stärker dem früheren Text gefolgt ist. Einen eigenständigen Gesetzesteil sah man in dem nach dem *5. Buch Mose* (5 Mose 17,18) in der *LXX* sogenannten *Deuteronomion* (= Abschrift des Gesetzes), das nach dem *2. Buch der Könige* (2 Kön 22–23) unter König Josia vom Hohepriester Hilkia im Tempel gefunden worden sein soll und den Reformen Josias von 621 zugrunde gelegen hat. Sein Kernbestand findet sich im *5. Buch Mose* (Dtn 12–26).

Im Exil und/oder danach entstand dann ein weiteres großes Geschichtswerk, das mit der Weltschöpfung (Gen 1–2,4) einsetzte. Wegen seines großen Interesses an Fragen des Kults – s. o. Goethes Kritik am unnötig aufgehäuften »religiösen Ceremonien-Gepäck« – wurde es die »Priesterschrift« genannt. Sie erzählt erheblich abstrakter und formelhafter als die älteren Quellen; Man vergleiche nur den priesterschriftlichen Schöpfungsbericht

(Gen 1–2,4) mit dem »jahwistischen« (Gen 2,5–25). Ihrer redaktionellen Verschmelzung mit der jehowistischen Redaktion verdanken sich etwa die zweimalige Erschaffung der Menschen oder die Dubletten in der Noah-Geschichte.

Dass im *1. Buch Mose* (Gen 1,27) die Schöpfung von Mann und Frau erzählt wird und in 2,7 noch einmal die Erschaffung Adams aus dem Lehm der Erde, wurde traditionell so ausgeglichen, dass die zweite Erzählung nur die näheren Einzelheiten zur ersten nachtrug. Schwierigkeiten bereitete bei dieser Auffassung lediglich die ebenso erzählte Erschaffung Evas in einem deutlichen zweiten Arbeitsgang (Gen 2,20–24), hatte doch der Mensch laut Gen 1,27 von vornherein eine Gefährtin. Dies führte zur Sage von Lilith, der ersten Frau Adams, die Goethe Faust und Mephisto in der Walpurgisnacht auf dem Hexentanzplatz erscheinen lässt (Verse 4118–4123). In Goethes Quelle ist sie bald nach ihrer Schöpfung zu einer Zauberin und Teufelin geworden, die vor allem Männern und jungen Müttern und ihren neugeborenen Kindern nachstelle. Das machte die Erschaffung einer neuen Gefährtin für Adam aus seiner Rippe erforderlich.

Dass bei den Redaktionen und der Tradierung der einzelnen Schichten in rund 750 Jahren auch weiteres Material in den Text aufgenommen werden konnte, versteht sich von selbst, ist aber in seiner ganzen Heterogenität und Vielfalt bis heute ungeklärt oder umstritten, etwa bei der Vorgeschichte einzelner Textgruppen wie der Urgeschichte, der Vätersagen oder einzelner Ortssagen bei der Wüstenwanderung.

Kritik am Vierquellen-Modell im letzten Drittel des 20. Jahrhunderts

Dieses fast 150 Jahre lang gültige Vierquellen-Modell hat in den letzten 50 Jahren von zwei Seiten her Kritik erfahren. Zum einen kam es in der neueren Textanalyse zu dem, was man die Destruktion des Pentateuchrahmens genannt hat: Die im Wesentlichen vom »Jahwisten« gestifteten Zusammenhänge erwiesen sich als späte Konstruktionen; Mose wurde zur fernen Sagengestalt und die an ihn gebundenen Komplexe »Exodus«, »Gotteserscheinung am Sinai« und »Gesetzgebung« erscheinen plötzlich als getrennte, in ihrer Chronologie völlig unbestimmbare Vorgänge.

Dass die Abfolge der Erzväter Abraham-Isaak-Jakob als Großvater-Vater-Sohn eine willkürlich geschaffene Ordnung darstellte, ist längst Gemeingut; nomadische Sippengötter, der Gott Abrahams, der Gott Isaaks, der Gott Jakobs wurden so zu einem Vätergott synthetisiert. Lokale Differenzen sind noch greifbar: Zu Abraham gehört das Heiligtum Mamre bei Hebron im Süden, wo auch Isaak im Umkreis der Stadt Gerar heimisch ist, während die Jakobsleute vom Ostjordanland kommend später bei den Jakobsheiligtümern Bethel und Sichem gesiedelt haben.

Der andere Angriffspunkt war ein religions- oder theologiegeschichtlicher. Konnte man bislang fast von einem Ur-Monotheismus der biblischen Schriften ausgehen (Gen 4,26) oder ihn zumindest bei Abraham oder Mose ansetzen, so erwies sich jetzt, dass dieses als so charakteristisch für Israel oder gar die »mosaische Religion« angesehene Merkmal erst ausgesprochen spät erscheint und sich mühsam gegen den Polytheismus durchsetzen muss. Die ganze Geschichtskonstruktion des *Enneateuchs*, also des großen einheitlichen Erzählbogens von den *Mosebüchern* über *Josua* und *Richter* zu den *Samuel-* und *Königsbüchern* als eine Geschichte des Abfallens von JHWH und der wiederholten Heimsuchungen als »Heim«-Suchung durch ihn muss sozusagen gegen den Strich gelesen werden: nicht länger als Stufen, die jeweils von dem einen Gott wegführen, sondern die im Gegenteil vom gängigen antiken Polytheismus und Synkretismus (man verehrt sicherheitshalber gleich alle Götter) zu ihm hinführen. Dabei muss auch noch zwischen Monolatrie und Monotheismus unterschieden werden: Bei der ersteren mag es durchaus andere Götter geben, aber verehren darf man nur den einen, beim letzteren gibt es nur den einen Gott.

Das *Sch'ma Israel*, ›Höre, Israel‹, das berühmte Bekenntnis und Gebet, das der gläubige Jude täglich betet, mit dem Juden in den Vernichtungslagern in den Tod gegangen sein sollen und das Jesus an entscheidender Stelle zitiert (Mt 22,35–40), hat daher eine doppelte Bekenntnisrichtung:

1. JHWH, der Gott Israels, ist für Israel der einzige Gott, er lässt sich nicht mit der Verehrung anderer Götter und Göttinnen kombinieren und synkretistisch in ein Pantheon einbauen (Monolatrie); und

2. JHWH, der Gott Israels, ist für ganz Israel ein und derselbe Gott, er kann nicht in verschiedene lokale Kultformen, etwa als JHWH-Zebaoth (Gott der Heerscharen) von Jerusalem, als JHWH von Bethel, Samaria oder Hebron aufgespalten werden (Monojahwismus).

Sch'ma Israel, ›Höre Israel‹

Höre Israel, der Herr ist unser Gott, der Herr ist einer. Und du sollst den Herrn, deinen Gott, liebhaben von ganzem Herzen, von ganzer Seele und mit all deiner Kraft. Und diese Worte, die ich dir heute gebiete, sollst du zu Herzen nehmen und sollst sie deinen Kindern einschärfen und davon reden, wenn du in deinem Hause sitzt oder unterwegs bist, wenn du dich niederlegst oder aufstehst, und sollst sie binden zum Zeichen auf deine Hand, und sollen dir ein Merkzeichen zwischen deinen Augen sein, und sollst sie über deines Hauses Pfosten schreiben und an die Tore. (Dt 6,4–9)
Und einer von ihnen, ein Lehrer des Gesetzes, versuchte ihn und fragte: Meister, welches ist das höchste Gebot im Gesetz? Jesus aber sprach zu ihm: »Du sollst den Herrn, deinen Gott, lieben von ganzem Herzen, von ganzer Seele und von ganzem Gemüt.« Dies ist das höchste und erste Gebot. Das andere aber ist dem gleich: »Du sollst deinen Nächsten lieben wie dich selbst.« In diesen beiden Geboten hängt das ganze Gesetz und die Propheten. (Mt 22,35–40)

Beide Maximen der Formel sind in ihrer Entstehung funktional auf die religiös-nationalen Erneuerungsbestrebungen der Josiazeit bezogen: »Die Einzigkeit JHWHs sollte die Identität Israels gegen alle fremdkulturellen Einflüsse von außen, die Einheit JHWHs das Zusammengehörigkeitsgefühl der Nation nach innen jenseits aller geschichtlich gewachsenen Differenzen sichern.« (R. Albertz) D. h. beispielsweise ganz konkret, Josias große Reform von 621 war keine Rückkehr zu JHWH, wie erzählt wird (2 Kön 22–23), sondern eine Hinwendung zu seiner ausschließlichen Verehrung; die Höhenheiligtümer, die gemäß dem 5. *Buch Mose* (Dt 12,13) von Josia abgeschafft werden (2 Kön 23,8), waren keine späte Entartung, sondern uralter Brauch, gegen den es erstmals die JHWH-Monolatrie durchzusetzen galt. Das *Deuteronomium* war ja auch kein altes Buch, das man, wie erzählt wird (2 Kön 22,8 ff.), im Tempel wiedergefunden hatte – was zur

Zeit meines Theologiestudiums in den Sechzigerjahren noch als historisch möglich galt –, sondern es wurde jetzt erst zusammengestellt und musste noch durchgesetzt werden; es wies nicht, wie erzählt wird, auf einen früheren Monotheismus zurück, sondern nach vorne auf einen zukünftigen.

Neuere Theorien zu *Pentateuch* und *Enneateuch*

Eine Theorie zur Entstehung der zentralen Geschichtsbücher in der Hebräischen Bibel, die sich breiter Anerkennung erfreute, gibt es derzeit nicht. Auf der Basis eines einheitlich überlieferten späten Textes mit einigen Seitenüberlieferungen in der *LXX*, im Kairoer Handschriftenfund und in Qumran gilt es anhand literarischer und inhaltlicher Kriterien im Schnitt zweieinhalbtausend Jahre zurückliegende Ereignisse zu rekonstruieren, die sonst keine Spuren hinterlassen haben, außer dass etwa die Regierungszeiten von Königen im Nordreich Israel und im Südreich Juda durch die Teilhabe des jüdischen Volkes – meist als Opfer und Verlierer – an der Weltgeschichte überliefert worden sind.

Ein stringentes Beispiel für das derzeitige sokratische Wissen, dass wir nichts wissen, ist die Josephs-Novelle (s. S. 56), welche die einen als Teil der Vätergeschichten in die Frühzeit um 700 v. Chr. rücken, während andere sie als sehr spät einschätzen, da sie als Bindeglied zwischen den Vätergeschichten und der Mose-Tradition im Grunde den entwickelten Pentateuchrahmen voraussetzt und inhaltlich eine »Weisheitserzählung« (s. S. 115) sei: Ein junger Mann geht aufgrund seiner Gottesfurcht, seines Gottvertrauens, seiner intellektuellen und geschäftlichen Fähigkeiten, seiner Eloquenz, seiner tadellosen Manieren und seines gewinnenden Auftretens seinen Weg bis in höchste Ämter. Insofern könnte man die Entstehung einer solchen Weisheitsnovelle auch einer modernen Managerakademie zuschreiben, wäre sie nicht schon in der *LXX* belegt.

Das »Münsteraner Pentateuchmodell« nach P. Weimar und E. Zenger

Vor/um 700:	Sammlung einzelner Geschichten (Urgeschichte, Erzväter, *Exodus, Josua,* d. h. Landnahmesagen. Gesetzessammlungen: »Bundesbuch« (= 2 Mose 20,23–23,19); Urfassung des 5. *Buch Mose* (Dt 12–26)
Nach 650:	Jerusalemer Geschichtswerk (Hexateuch: Gen 2,4b–Jos 24)
Um 600:	5. *Buch Mose* 5–28; Sammlung von »Richter«-Geschichten im Sinne der deuteronomistischen Reform, desgleichen von Geschichten aus dem späteren Samuel/Königs-Komplex
Nach 586:	Großes Exilisches Geschichtswerk (*Enneateuch:* 1 Mose 2, 4b–2 Kön 24)
Nach 520:	Priesterschriftliches Werk (1 Mose 1,1 bis 3 Mose 9,24 bzw. 5 Mose 34,8)
Nach 450:	Großes Nachexilisches Geschichtswerk (*Enneateuch,* 1 Mose 1,1 bis 2 Kön 23)
Um 400:	Trennung des *Pentateuchs,* der eigentlichen *Tora,* von den Vorderen Propheten (s. S. 92)

Als weiteres Pentateuchmodell sei das von E. Blum vorgestellt: *Studien zur Komposition des Pentateuch,* 1990. Ihm hat sich Rainer Albertz in seiner methodisch innovativen *Religionsgeschichte Israels in alttestamentlicher Zeit* angeschlossen.

Vor 700:	Ältere Erzählkreise zu den Erzvätern; Mose-Geschichten
7. Jh. v. Chr.:	Urgeschichte; Moseerzählung
Exilszeit:	Erzelterngeschichten; Deuteronomistisches Geschichtswerk (*5 Mose, Josua, Richter, Samuel, Könige*)
Ende 6. Jh. v. Chr.:	Die Mose-Erzählungen des 7. Jh.s verschmelzen mit dem deuteronomistischen Geschichtswerk zur Vorform des *Enneateuch* aus der Vorform des *Pentateuch* (2 Mose bis 5 Mose) und den Geschichtsbüchern Richter bis Könige.
Um 500 v. Chr.:	In der »Priesterlichen Komposition« treten die »Urgeschichte« aus dem späten 8. Jh. und die Erzvätergeschichten aus der Exilszeit vor die

Exoduserzählung und bilden so als erzählerisches Kontinuum den *Enneateuch* aus Proto-Pentateuch und den »Vorderen Propheten«, d. h. den Geschichtsbüchern von Richter bis Könige. Als noch spätere Erweiterungen bei weiteren Redaktionen werden 1 Mose 15, 2 Mose 4 u. 18 genannt.

Nach dem »Münsteraner Modell« läge also das große geschichtstheologische Werk, das oben auf S. 41–69 skizziert wurde, um 450 v. Chr. vor, nach E. Blum bereits um 500.

Die Geschichte Israels vor seiner Staatlichkeit nach heutigem Kenntnisstand

Für die Geschichte Israels gibt es neben archäologischen Zeugnissen und Bezügen zu den Geschichtsdokumenten der Nachbarvölker natürlich den *Enneateuch,* der sich als – wenn auch theologisch fundierte – Geschichtsschreibung begreift. Die Herabdatierung wichtiger Teile um fast ein halbes Jahrtausend in den derzeit aktuellen Modellen zur Entstehung der biblischen Geschichtsbücher (s. oben) hat natürlich auch unsere Sicht auf die Geschichte Israels stark verändert; man denke etwa an das oben (S. 60) zur »Amphiktyonie« Gesagte. Als Folie für alles Vorige und Weitere stehe hier eine Skizze dieser Geschichte, die der *Geschichte Israels* von A. H. J. Gunneweg folgt.

Geografisch ist Israels Geschichte dadurch bestimmt, dass Palästina und Syrien die Landbrücke zwischen Ägypten und Mesopotamien und Kleinasien bilden. Eine Chance auf Selbständigkeit gab es jeweils nur, wenn zwischen den mächtigen Nachbarn im Südwesten und Nordosten Gleichgewicht herrschte. Um 1200, als Israel als historische Größe greifbar wird, verfällt Ägypten und mit ihm seine Oberhoheit über Kanaan. Gleichzeitig dehnt sich das Mittlere Assyrische Reich aus und erobert um 1100 Syrien.

Eine Gegenbewegung hierzu bildet die einige Zeit vorher einsetzende Aramäische Wanderung. Nomadische und halbnomadische Verbände dringen aus der Steppe ins Kulturland ein und werden nach und nach sesshaft, auch in Syrien dringen semitische Aramäer ein.

Die Entstehung des alttestamentlichen Israel ist als Teil der Aramäischen Wanderung anzusehen, in deren Zug sich auch Israels östliche Nachbarn wie Ammon, Moab und Edom formieren. Grob parallel dazu gibt es die Bewegung der sogenannten Seevölker, die u. a. die Minoische Kultur auf Kreta zerstört haben und in deren Zug sich die Philister, eine Zeitlang die wichtigsten Feinde Israels, in der südwestlichen Küstenebene Palästinas ansiedeln.

Kanaan besteht in dieser Zeit aus kleinen Stadtstaaten, die jeweils aus einer kleinen Stadt mit Mauer und Burg wie einigen umliegenden Dörfern bestehen. Das kanaanäische Jerusalem bis zur Davidszeit maß etwa 100 × 400 Meter. Die Nomaden oder Halbnomaden hatten im Zuge des jahreszeitlich bedingten Weidewechsels – Aussaat ist im Herbst, Regenzeit im Winter, Ernte im Frühjahr; der Sommer ist eine Trockenperiode – immer schon regelmäßig Kontakt mit dem Kulturland. Dorthin, auf die abgeernteten Äcker, werden im Sommer die Schafherden der Kleinviehnomaden getrieben, sie düngen sie damit zugleich für die Saatperiode im Herbst. Die sogenannte »Landnahme« ist zunächst das völlig unkriegerische Einsickern und Ansässigwerden solcher Nomaden in Leerräumen zwischen den Stadtstaaten. Sagen wie die von der Eroberung Jerichos durch den Schall der Posaunen (Jos 6) sind dadurch entstanden, dass man vorgefundene Stadttrümmer aus viel älterer Zeit ätiologisch erklären wollte.

»Die Geschichte Israels begann in Kanaan« (Gunneweg): Hier formieren sich Sippen zu lockeren Großverbänden, »Stämmen«, innerhalb derer gehandelt und geheiratet wird und außerhalb derer man »Fremdling« ist. Ethnisch sind diese Stämme durchaus heterogen. Entscheidende Einblicke gewann man, als man die vor allem im Exodus mehrfach bezeugte Selbstbezeichnung »Hebräer« sprachlich mit dem aus verschiedenen Regionen bezeugten »Chabiru« in Verbindung brachte (die Konsonanten sind dieselben), die keine ethnische Gruppe sind, sondern landlose Leute, in einer agrarischen Gesellschaft mithin Personen minderen Rechts, bis hin zu »outlaws«. Sie sind als Tagelöhner, Fronarbeiter, Söldner und dergl. bezeugt, und eben auch als »Hebräer« in Ägypten, die unter Ramses II. (reg. 1279–1213) Steine für den Festungsbau schleppen müssen, was man mit dem 2. *Buch Mose* (2 Mose 1,11) in Verbindung bringen könnte.

Eine solche Gruppe mag dann mit kanaanäischen Chabiru in Kontakt gekommen sein und von ihrem Gott berichtet haben, der sie aus Ägypten befreit hat. Eine andere Gruppe hat einen Gott erfahren, der sie in einer Kriegsaktion gegen überlegene Streitwagentruppen zum Sieg führte. Das Lied der Mirjam gilt als Urform aller späteren Preislieder:

> Da nahm Mirjam, die Prophetin, Aarons Schwester, eine Pauke in ihre Hand, und alle Frauen folgten ihr nach mit Pauken im Reigen. Und Mirjam sang ihnen vor: Lasst uns dem HERRN singen, denn er ist hoch erhaben; Ross und Reiter hat er ins Meer gestürzt. (Ex 15,20 f.)

Eine andere Gruppe kann als grundlegende Erfahrung auf ihrer Wanderung eine Theophanie erlebt haben, eine lebendige Gotteserscheinung, die sich völlig unabhängig von Exodus und Gesetzgebung als Bundesschluss vollzogen hat: Gott erscheint im donnernden Feuer, und die Gotteserscheinung wird als Gottesbegegnung empfunden, die Gottesherrschaft stiftet. Losgelöst von allen anderen Traditionen begegnet sie etwa im *5. Buch Mose*, dem *Buch der Richter* (5 Mose, 33,2; Ri, 5,4 f.). In den *Psalmen* (Ps 68,8 f.; Vers 9) wird Gott geradezu »der vom Sinai« genannt. Die Gruppe, die diese JHWH-Begegnung zum allgemeinisraelischen Erbe beigetragen hat, muss sie südlich vom Golf von Akaba gemacht haben, wo es in biblischer Zeit Vulkanismus gab. Mose trägt einen Namen, der als Teil ägyptischer Personennamen bezeugt ist; deshalb wird er wohl ursprünglich allein mit dem Exoduserlebnis verbunden gewesen sein. Die Rettung am Schilfmeer, das Erscheinen der Majestät Gottes und die Gesetzgebung sind ihm später erst zugewachsen.

Sesshaft werdende Nomaden unterschiedlicher Herkunft vermischen sich so mit den landlosen Chabiru der Regionen. Grob kann man sagen, dass die nördlichen galiläischen Stämme aus Chabiru hervorgegangen sind, die sich so von der stadtstaatlichen Vorherrschaft befreien konnten. Die Stämme Joseph und Benjamin sind wohl aus der östlichen Steppe ins Kulturland eingesickert und haben sich dann durch Rodung nach Norden ausgebreitet; auch die Südstämme dürften eher von eingewanderten Nomaden gebildet sein.

Die Chiffre »Exodus«, die zu einem zentralen Glaubensinhalt Israels wird, bezeichnet demnach sowohl einen örtlichen Zug aus der Sklaverei in die Freiheit wie einen sozialen Exodus aus der Fronexistenz, der Botmäßigkeit in die Unabhängigkeit. Der Exodus erfolgt also von außen nach innen und von innen nach außen. Der Gegensatz »Israel – Kanaan« ist zum einen der zwischen Zugewanderten und Ureinwohnern, zum anderen der zwischen den sozial Deklassierten, ja, Rechtlosen und den Angehörigen der Stadtherrschaft, bei dem sich die »Neuankömmlinge« mit den lokalen »outlaws« gegen die »Herrschenden« verbanden. Zugleich verfällt die Macht der kleinen Stadtstaaten; außer »Israel«, das um 1220 v. Chr. erstmals auf einer ägyptischen Stele als Volk erwähnt wird, bilden sich auch die größeren Einheiten Ammon, Moab und Edom.

Frühe Formen eines größeren Zusammenschlusses der Stämme könnten bei den Chabiru von Galiläa und deren gemeinsamer Abwehr des feudalen Rittertums (Streitwagenkultur) der sie bedrückenden Oberschicht entstanden sein. Die etwa im *Buch Josua* (Jos 11,1 ff.) und *Richter* (Ri 1,1 ff.) berichteten kriegerischen Aktionen könnten mit späten Kämpfen gegen Reste der Stadtkönigtümer zu tun haben, wobei meist nur vom Stamm Benjamin die Rede ist.

In dieser frühen Zeit »Israels« als einer wie auch immer über die in Kanaan entstandenen Stämme hinausgehenden Einheit ist die Sprache das Hebräisch Kanaans, der verehrte Gott El ein kanaanitischer Obergott, sind die Heiligtümer kanaanäischen Ursprungs, die Feste kanaanäische Erntefeste; Isra-El selbst trägt einen El-haltigen Namen. Einzig das Passahfest ist womöglich ein nomadisches Fest anlässlich des Weidewechsels und seiner Gefahren; erst sehr viel später wird es zum zentralen Exodus-Fest.

Dieser Zusammenschluss aus eingesickerten Fremden und rechtlosen Einheimischen wurde durch das Hinzukommen der Ägyptengruppe und der Theophaniegruppe vom Vulkan »Sinai« – der mit dem heutigen Sinai natürlich nichts zu tun hat – sowie der Schilfmeergruppe zu JHWH hin theologisiert; dabei handelt es sich unter Umständen um die Rahel-Stämme. In einem spannungsvollen Prozess wuchsen der kanaanitische stationäre El – dann Gott der älteren Lea-Stämme –, der kriegerisch umherziehende JHWH der Wandergruppen und die diversen Sippen- und Vätergötter eines Abraham, eines Isaak und eines Jakob zusammen, und die zyklischen Erntefeste wurden in Gedenktage für »historische« Ereignisse aus der »Geschichte« »Israels« umfunktioniert.

Josua, die erste Gestalt mit einem JHWH-haltigen Namen (›JHWH hilft‹), ist ein charismatischer Gotteskrieger, und das als Abschluss dargestellte Bundesfest in Sichem bewahrt vielleicht eine Erinnerung an die erste Proklamation von JHWH als Gott für ganz Israel, dessen Einzigkeit für Israel oder gar als Weltgott sich dann bis ins Exil hinein mühsam entwickelt.

Die Amphiktyonie – Gunneweg behält die Bezeichnung bei – ist Träger eines Gottesrechts, und die »Richter Israels« hüten und bewahren es; die feste Formel »Schandtat in Israel« oder »So etwas tut man nicht in Israel« bewahrt alte Rechtssprüche (1 Mose 34,7; 5 Mose 22,2; Ri 20,6; 2 Sam 13,12; Jer 29,23).

Religionsgeschichte Israels nach Rainer Albertz

Der Ansatz, den Albertz seit seiner Habilitation in Heidelberg 1977 verfolgt, ist der einer sozialgeschichtlich fundierten Geschichte der Religion oder auch der Frömmigkeit. Der Alttestamentler Hermann Gunkel (1862–1932) hatte bei der wissenschaftlichen Behandlung möglicher vorliterarischer Einheiten erstmals nach deren »Sitz im Leben« gefragt, ohne den sie nicht tradiert worden wären, und hatte so für die Formgeschichte des *Alten* wie des *Neuen Testaments* entscheidende Impulse gegeben. So fragt Albertz jetzt nach dem »Sitz im Leben« ganzer Traditionskomplexe, großer Reformwerke und ihrem Niederschlag etwa im *Deuteronomium* oder im von E. Blum hypothetisch rekonstruierten großen priesterlichen Kompositionswerk (s. S. 104). Seinen Forschungen sind die folgenden Darlegungen bis ins Einzelne verpflichtet.

Der Gott der Väter

Viel Beifall hat Albertz' soziale, nicht historische Lokalisierung der Vätergeschichten gefunden. Sie gingen der JHWH-Verehrung nicht zeitlich voraus, sondern koexistierten mit ihr auf verschiedenen Ebenen, auch noch lange nach der Entstehung Israels in Kanaan etwa im 13. Jh. Die »Väterreligion« wird von Albertz somit nicht als Vorstufe, sondern als Substratum der JHWH-Religion bestimmt.

Der in den Abrahams-, Isaaks- oder Jakobs-Erzählungen verehrte Gott ist der des jeweiligen Stammvaters, ist Gott der Sippe, der zum Gott Abrahams und Isaaks oder zum Gott Isaaks und Jakobs, zum Gott aller drei oder eben zum Gott der Väter zusammengelegt werden konnte. Der Gott ist namen- und bildlos; genannt oder angeredet wird er als »Gott meines Vaters«; er kann mit dem gemeinsemitischen Gott El koexistieren – Abrahams erster Sohn heißt Ismael –, mit »El-Schaddaj« (= dem Allmächtigen) im Jakobssegen identifiziert werden (1 Mose 49,25) oder eben mit JHWH, mit dem er die Ortsungebundenheit und das »Mit-Sein« mit seinem Volk/seiner Sippe teilt.

Das erlaubt eine eifersuchtslose Aufgabenteilung: JHWH ist funktional auf die Großgruppe Stamm, Stammesverband oder später Volk bezogen und wird in diesem Zusammenhang verehrt; der Vatergott hat seinen Sitz und seine Funktion im religiösen Familienleben mit dem Vater als Priester. Dementsprechend sind seine Aufgaben: Er sorgt für den so wichtigen männlichen Erben und offenbart sich etwa bei der Verheißung eines solchen durchaus auch den Müttern, die vom Großkult ausgeschlossen sind, beschützt sie besonders, so wie er auch kleine Kinder beschützt.

Die Familienfrömmigkeit späterer Zeiten tradiert dabei durchaus die Erinnerung an Typisches für die Familien der vorstaatlichen Zeit. Hier wäre der Ort, der »Sitz im Leben« für Thomas Manns »Schönes Gespräch« in den *Geschichten Jaakobs*, dem Eröffnungsband der *Joseph*-Tetralogie: Der jeweils Sippenälteste bespricht mit dem jeweiligen Empfänger, dem die weitere Tradierung anvertraut werden kann, die Sippentraditionen. Der zukünftige Tradent ist dabei nicht der Erstgeborene, sondern der »Intellektuelle« unter den Nachgeborenen. Für Abraham ist es nicht Ismael, sondern Isaak, für Isaak nicht Esau, sondern Jakob, und für Jakob nicht Ruben, sondern Joseph. Im »schönen Gespräch« werden die Teilnehmer zu kollektiven Individuen, die uralte Familien- und Sippengeschichten auf sich hin aktualisieren, die in Dutzenden von Generationen und Hunderten von Jahren unterschiedlichste Widerfahrnisse zu Gotteserfahrungen zuschleifen.

So können diese Geschichten vom Gott des Vaters auch wieder höchst lebendig werden, als nach der Zerstörung des Tempels im babylonischen Exil die Familie erneut zur größten sozialen Einheit und zum Überlieferer der Religion wird. Die landlosen Exilierten können sich in den landlosen Fremdlingen (s. o. S. 81) der Urzeit wiederfinden und sich mit den Landverheißungen an die Heimatlosen trösten. Nach dem Modell Blums werden die Vätergeschichten im Exil aufgeschrieben und dabei wohl auch durch Konstruktion von Familienbeziehungen miteinander verbunden.

Erst in der Priesterlichen Komposition um 500 wird den Vätergeschichten die Urgeschichte vorangestellt und beide durch Stammbäume verklammert. Der ganze Komplex tritt vor den Exodus, und indem Abrahams Urenkel Josef seine Brüder, die zusammen mit ihm die Stammväter des späteren »Israel« bilden, nach Ägypten führt, kann er als Bindeglied zwischen den Erzvätern und dem Exodus unter Mose genutzt werden.

Die JHWH-Religion des Stämmebundes nach Albertz

Nachdem die Väterreligion so nicht vor die JHWH-Religion getreten ist, sondern von Albertz neben und unter ihr platziert wurde, begegnet uns die JHWH-Verehrung erstmals bei der ägyptischen Fronarbeitergruppe als Verehrung eines Gottes, der ihr im entscheidenden Moment den Führer verschafft, der sie zu ihrer Befreiung motiviert und befähigt. Darüber hinaus ist er der Gott, der eingreift, als die Befreiungsaktion zu scheitern droht, und der sie vor der militärischen Übermacht ihrer Unterdrücker rettet. Die Entstehung der JHWH-Religion im Befreiungsprozess einer unterdrückten Außenseitergruppe der ägyptischen Gesellschaft prägt sie von Anfang an durch eine geschichtlich politische Ausrichtung und einen deutlichen Zug zum Sozialen, der auch in Zukunft für die Religion Israels bestimmend sein sollte.

Etwa gleichzeitig bilden in Kanaan die sich emanzipierenden Bauern und Hirten des palästinischen Berglandes Organisationsformen aus, die sich durch das weitgehende Fehlen einer politischen Zentralinstanz auszeichnen. Strukturen gibt es nur in der Familie – innerhalb derer man nicht heiraten darf – und Sippe, innerhalb derer man es muss. Ansonsten ist man ›ohne Haupt‹ (*akephal*) und egalitär, d. h. man entwickelt eine Reihe gesellschaftlicher Mechanismen, um die Akkumulation politischer und wirtschaftlicher Macht wirksam zu unterbinden. Den Namen »Israel« (= ›Gott herrscht‹, ›Gott möge sich als Herr erweisen‹) kann man geradezu als Bekenntnis zu einem antiherrschaftlichen Programm auffassen.

Bei diesem Modell verläuft die Integration der hinzukommenden Wirtschaftsmigranten und Asylanten ohne größere Probleme ab. Zwischen den ehemaligen ägyptischen Fronarbeitern und den ehemaligen Rand- und Unterschichtsgruppen der kanaanäischen Gesellschaft besteht dieselbe Interessenlage. Sie führt zur gemeinsamen Verehrung eines Gottes, der sich einseitig und exklusiv gerade an eine Unterschichtsgruppe gebunden hatte. Der Großkult erschöpft sich in einer »populistischen Form«, einer Art Kirchentagsfrömmigkeit: Es gibt noch keine durch hohe Mauern abgeschirmte Heilige Stätte, Gott wohnt noch nicht im Dunkel eines Tempelhauses. Die ganze Ortsgemeinde konnte zu den großen Jahresfesten zusammenkommen oder einzelne Familien ihre Gemeinschaftsmahlopfer vollziehen (1 Sam 9 f.), zwar unter Leitung eines zufällig anwesenden Gottesmannes oder dafür engagierten Priesters (1 Sam 9 f.; Ri 17 f.), aber doch noch kultisch selbständig und unter Teilhabe aller am kultischen Geschehen.

»Ich, dein Gott, bin ein 68er.«

Es ist nicht zu übersehen, dass diese neue Interpretation der nur in Legenden überlieferten Ur- und Frühgeschichte Israels, wie sie im letzten Drittel des vorigen Jahrhunderts nach und nach entstanden ist, stark mit dem intellektuellen Klima ihrer Entstehungszeit korrespondiert. Immerhin ist Rainer Albertz, einer der führenden Vertreter der neuen Schule, Sohn des Pfarrers und ehemaligen Regierenden Bürgermeisters von Berlin, Heinrich Albertz (1966–1967). Montesquieu hat einmal gesagt, »wenn die Dreiecke sich einen Gott bildeten, würden sie ihm drei Seiten geben«. Historische Kenntnis entsteht immer im Dialog zweier Epochen und lebt vom je Fremden wie vom je Eigenen: Goethes Faust hat das sicher überspitzt, aber gerade dadurch auf den Punkt gebracht, wenn er zu Wagner sagt: »Was ihr den Geist der Zeiten heißt,/Das ist im Grund der Herren eigner Geist, /In dem die Zeiten sich bespiegeln.«

So ist es wissenschaftstheoretisch nur konsequent, wenn der derzeit bei fast allen Alttestamentlern herrschende Gott ausgesprochene 68er-Züge oder gar rot-grüne Tendenzen der Neunzigerjahre aufweist. Sein Volk lebt in Wohngemeinschaften, ist basisdemokratisch organisiert, antiautoritär, antikapitalistisch und duldet nur »milizionäre Befreiungskriege«. Anführer gibt es nur als Anstifter zur Selbstbefreiung, Ämter sind rein funktional und befristet; Massenbasis ist das Marx'sche »Lumpenproletariat«, Bewegkraft »die Initiative und Entscheidung der betroffenen Menschen«; aufgrund der »gleichen Interessenlage« mit ausländischen Ausgebeuteten ist deren Integration »ohne größere Probleme« möglich. Literarisch fühlt man sich an B. Travens Anarcho-Syndikalismus und den basisdemokratischen Aufstand der Caoba-Arbeiter in seinem mexikanischen *Caoba-Zyklus* (1931–1940) erinnert, der in den 1970er-Jahren geradezu die Bibel der Studentenbewegung war.

Die Königszeit

Diese in der neueren Forschung vorherrschende Sicht prägt natürlich auch die spezielle Bewertung des um 1000 v. Chr. aufkommenden Königtums in Israel. Fast 200 Jahre war es wohl der spezifisch anarchische Charakter der JHWH-Religion, der die Stämme ihre Freiheit gegen politische Hegemonieansprüche von innen und von außen bewahren ließ. Die Angriffe der Philister, vielleicht aber auch zusätzliche innenpolitische Entwicklungen, lassen jedoch im Folgenden bei den Israeliten den Wunsch nach einer den Nachbarvölkern ähnlichen Zentralinstanz, dem Königtum, aufkommen. Saul ist noch ein Charismatiker, dem man die Stammeskrieger unterstellt, der keine Zentralmacht ausbaut, keine Beamtenschaft einrichtet, wohl auch keine Steuern erhebt und dessen wenige Berufskrieger aus Israel kommen.

Demgegenüber stammt David aus dem Kreis der Saul'schen Berufskrieger, baut sich als Condottiere eine schlagkräftige Söldnertruppe auf, rafft persönlichen Reichtum zusammen und schafft ein dynastisches Königtum, das durch Beamte das Gewaltmonopol des Staates sichert. Schließlich erringt er die Unabhängigkeit von den Philistern und macht Israel zu einem eigenständigen Machtfaktor unter den vorderorientalischen Staaten.

»Thron und Altar«

Mit der Neuschaffung eines zentralen Heiligtums in Jerusalem, wo David aus eigenem Recht als Stadtkönig regiert, und der Überführung der uralten Bundeslade (s. S. 64) dorthin verbinden sich Zentralmacht und Theologie in doppelter Weise: im Zentralkult und einem theologisch begründeten Königtum, wie es aus den sogenannten Königspsalmen spricht, beispielsweise dem wohl zur Thronbesteigung gehörenden Psalm 2: »›Ich aber habe meinen König eingesetzt auf meinem heiligen Berg Zion.‹ Kundtun will ich den Ratschluss des HERRN. Er hat zu mir gesagt: ›Du bist mein Sohn, heute habe ich dich gezeugt.‹« (Ps 2,6 f.) »Ein Psalm Davids. Der HERR sprach zu meinem Herrn: ›Setze dich zu meiner Rechten, bis ich deine Feinde zum Schemel unter deine Füße lege.‹ Der HERR wird das Zepter deiner Macht ausstrecken aus Zion: ›Herrsche inmitten deiner Feinde!‹« (Ps 110,1 f.)

Albertz setzt die Ausbildung dieser Königstheologie schon in die Zeit Salomos, wenn auch die entsprechenden Psalmen später entstanden sein können. Er wertet sie während der gesamten Königszeit als einen Fremdkörper innerhalb der JHWH-Religion, der erst im Exil in der Umformung zu einer JHWH-ist-König-Theologie in die bisherige Tradition integriert werden kann.

Wohl im achten Jahrhundert kommt es dann zu der Auffassung, speziell den Nachkommen Davids sei der Thron in Ewigkeit verheißen, was als Prophetie für David dann dem Hofpropheten Natan in den Mund gelegt wird (2 Sam 7,12 f.). Im frühen Exil gilt sie dann nicht mehr dem König, sondern dem Volk, so im Klagepsalm 89,20–38, und begegnet uns auch in der Exilsprophetie: »Ich will mit euch einen ewigen Bund schließen, euch die beständigen Gnaden Davids zu geben.« (Jes 55,3b) Die Verheißung wird zur messianischen Verheißung, weshalb Jesus von den Evangelisten Matthäus und Lukas zum »Sohn Davids« (Mt 1,1; Lk 2,4; 3,23–31) erklärt wird.

Der Tempel, den Salomo baut – übrigens bei aller Pracht der Ausstattung in den bescheidenen Dimensionen einer Dorfkirche – wird zum Wohn- und Thronsitz JHWHs neben dem königlichen Palast. Der HERR und sein König wohnen fortan Wand an Wand (1 Kön 7,12; Kritik daran Hes 43,7 f.), wenn auch weiterhin die Vorstellung gilt, dass Jahwe zu groß ist, als dass ein Raum ihn fassen könnte – in der berühmten Vision Jesajas vom thronenden JHWH füllt bereits der Saum seines Gewandes den Tempel. (Jes 6,1–4)

In Tradition der Jerusalemer königlichen Vorgänger beanspruchen die Könige auch kultische Funktionen bei Opfer und Segen und erfreuen sich priesterlicher Heiligkeit, ja, durch sie redet Gott (2 Sam 23,2). Albertz fasst wertend zusammen:

> »Eine engere Verquickung von Thron und Altar lässt sich kaum denken; der israelische Großkult wurde zu einem wesentlichen Teil zum königlichen Staatskult […] Jahwe, der einmal Symbol der Befreiung von staatlicher Unterdrückung gewesen war, wurde von den Hoftheologen zum Garanten staatlicher Macht gemacht, die […] auch gegenüber der eigenen Gesellschaft (Fronarbeit) erneut Unterdrückungsinstrumente aufbaute. Hier war der ursprüngliche Impuls regelrecht konterkariert, hier verkam die JHWH-Religion zur Überhöhung politischer Machtinteressen, geriet zur Ideologie im strengsten Sinne des Wortes.«

Bei der engen Verquickung dieser neuen theologischen Erkenntnisse mit dem politischen Zeitklima nimmt es nicht Wunder, das in dieser Zeit die selbst pietistisch geprägten Herausgeber der *Mundorgel* das gerade bei Jugendlichen äußerst beliebte Himmelfahrtslied *Jesus Christus herrscht als König* des schwäbischen Pietisten Philipp Friedrich Hiller (1699–1767) ideologiekritisch als reaktionären Herrscherkult aus dem populären Liederheft entfernen.

Tabelle zur Geschichte Israels und der biblischen Bücher in derzeit herrschender Sicht

1250–1000	Rückgang der kanaanäischen Stadtkönigtümer; Entstehung einer israelitischen Dorfkultur im Innern und der Philisterstädte (Seevölker) an der Küste. Sesshaftwerdung; Stämmebildung; Entstehung der Stämmegesellschaft »Israel«
1200–1000	Richterzeit
1000	Staatenbildung: Saul, David
965–926	Salomo
926	Reichsteilung

926–721 Staat Israel	926–586 Staat Juda	
926–906 Jerobeam I.	926–909 Rehabeam	
906–905 Nadab	909–907 Abia	
905–882 Baesa	907–867 Asa	
881 Simri		
881–870 Omri		
870–851 Ahab	867–850 Josaphat	
851–850 Ahasja	850–845 Joram	
850–845 Joram	845 Ahasja	
845–817 Jehu	845–839 Athalja	
817–801 Joahas	839–800 Joas	
801–786 Joas	800–786 Amazja	
786–746 Jerobeam II.	786–746 Asar	Prophet Amos (756–741), Jotham (Mitregent, König), Propheten Jesaja, Micha
746–734 Menahem	742–725 Ahas	Prophet Hosea
736–734 Pekahja		
734–732 Pekah		
732–723 Hosea		
722/21 Eroberung Samarias	725–696 Hiskia	

Ende des Nordreichs Israel, »Bundesbuch« (= 2 Mose 20, 22–23,19)

Staat Juda	
696–641	Manasse
641–639	Amon
639–608	Josia, Josianische Reform, Urdeuteronomium, Jeremia
Ende 7. Jh.	Propheten Zephanja, Nahum, Habakuk
608	Joahas
608–598	Jojakim
598	Jojachin
597–586	Fall Jerusalems, Ende des Staates Juda, Propheten Ezechiel und Jeremia
586–538	Juda ist babylonische Provinz, Babylonisches Exil, Jesaja II, Erzelterngeschichten, Deuteronomistisches Geschichtswerk
520–515	Wiederaufbau des Tempels, Propheten Haggai und Sacharja, Priesterschrift
um 500	Priesterliche Komposition des gesamten Geschichtswerks von *Genesis* bis *Könige*

475	Prophet Maleachi
5. Jh. Rut	
4. Jh. Hiob	
3./2. Jh.	*Chronik, Esra, Nehemia, Sprüche, Prediger, Hoheslied*
332	Alexander der Große in Ägypten und Palästina. Beginn des Hellenismus
ab 3. Jh.	Entstehung der *LXX*
um 240	Zwölfprophetenrolle
301	Palästina fällt an die ägyptischen Ptolemäer
202	Sieg Roms über Karthago; das Mittelmeer wird für die Römer zum *mare nostrum*
200–150	Endredaktion des *Psalters*
166–164	Aufstand der Makkabäer, *Buch Daniel* (jüngstes Buch der Hebräischen Bibel)
63	Pompeius erobert Jerusalem
37 v. Chr.– 4 n. Chr.	Königtum der Herodianer
66–74	Jüdischer Aufstand. Im Zusammenhang damit wird wohl eine Jerusalemer Bibliothek in den Höhlen bei Qumran versteckt.
70	Zerstörung Jerusalems

IV Die Propheten

Die ungeheure Lebendigkeit und Dynamik, die der JHWH-Religion offensichtlich auch in der Königszeit immer noch innewohnt, zeigt sich darin, dass sie sich fast zur selben Zeit, da das Königtum den religiösen Bereich vereinnahmt und fest unter Kontrolle zu haben glaubt, ein höchst wirksames Instrument der Opposition schafft: Sozial nicht gebundene »Propheten« kritisieren im Auftrag des HERRn das Königsrecht vom Gottesrecht her auf sozialem, politischem, kultischem und theologischem Gebiet. Die Ursituation hierfür – wenn auch erst später erzählt – ist sozusagen die letzte Begegnung zwischen dem »Propheten« Samuel und dem König Saul: »Samuel aber sprach: Meinst du, dass der Herr Gefallen habe am Brandopfer und Schlachtopfer gleichwie am Gehorsam gegen die Stimme des Herrn? Siehe, Gehorsam ist besser als Opfer, und Aufmerken besser als das Fett von Widdern.« (1 Sam 15,22)

Neben der Königskritik fällt die Kultkritik ins Auge, die ein typisches Merkmal prophetischer Rede ist und deshalb wohl von den späteren Propheten auf Samuel übertragen wurde. Bei Jesaja steht: »Was soll mir die Menge eurer Opfer? spricht der Herr. Ich bin satt der Brandopfer von Widdern und des Fettes von Mastkälbern und habe kein Gefallen am Blut der Stiere, der Lämmer und Böcke« (Jes 1,11) Das *Buch Hosea* (Hos 6,6) kommt dem Ausspruch Samuels sehr nahe: »Denn ich habe Lust an der Liebe und nicht am Opfer, an der Erkenntnis Gottes und nicht am Brandopfer.«

Versuche, auch die Prophetie zu institutionalisieren, waren nicht sehr erfolgreich. Tempel- bzw. Kultpropheten gehörten zum staatlichen bzw. königlichen Beamtenapparat; gerade von ihnen setzen sich die charismatischen Propheten ab: »Ihre Häupter richten um Geschenke, ihre Priester lehren um Lohn, und ihre Propheten wahrsagen um Geld, verlassen sich auf den Herrn und sprechen: Ist nicht der Herr unter uns? Es kann kein Unglück über uns kommen.« (Mi 3,11)

Dasselbe gilt für die Institution der Hofpropheten, bei denen man zu wichtigen Gelegenheiten wie Kriegen und Katastrophen, Vertragsschlüssen, Inthronisation, Jubiläen, Hochzeit des Thronfolgers »Gottessprüche« regelrecht abfragen konnte. Ihr Amt war es, Frieden und Heil zu verheißen und Unheil abzuwenden. Im *1. Buch der Könige* (1 Kön 22) weissagen alle Hofpropheten Sieg und Heil, der freie Prophet Micha aber den Untergang, wofür er geohrfeigt und eingesperrt wird, aber natürlich recht behält.

Als wirkungsmächtig für die gesamte weitere Theologie und Geschichte Israels wie auch noch für die Entstehung des Christentums erwiesen sich die 15 namentlich auf eigenen Schriftrollen (*Jesaja, Jeremia, Ezechiel*) oder auf der Zwölfprophetenrolle mit ihren Worten überlieferten »berufenen Rufer«. Mit Ausnahme der in der Tradition der Tempelpropheten stehenden *Habakuk, Nahum* und *Joel* sind diese Schriftpropheten »freie oppositionelle Einzelpropheten« (Zenger). Bevor der HERR sie rief, waren sie Bauern (Amos, Micha), Weisheitslehrer (Jesaja) oder kamen wie Jeremia und Ezechiel aus Jerusalemer Priesterfamilien mit guten Karriereaussichten. Gottes Ruf führt sie in eine Außenseiterposition bis zum Martyrium. Ihr Auftreten erfolgt streng okkasionell und wird allein durch Gottes Auftrag ausgelöst. Der verleiht ihnen in ihrem Anspruch eine Autorität, die über allen Personen und Institutionen steht, was natürlich zu ständigen Konflikten führt. Anerkennung finden sie erst postum durch die Kanonisierung ihrer überlieferten Worte.

Da die Propheten sich in der Minderzahl gegenüber den bezahlten Kult- und Heilspropheten wussten und nicht die Autorität eines Amtes oder einer sozialen Einbindung im Rücken hatten, stellten sie selbst Kriterien auf, an denen man einen von Gott berufenen Rufer in Abgrenzung vom Lügenpropheten (»Pseudoprophetes« in der *LXX*, Sach 13,2; Jer 6,13) erkennen kann. Der katholische Münsteraner Alttestamentler Erich Zenger hat sie zusammengestellt:

1) Keine Stabilisierung der Heilsgewissheit, sondern kritische, provozierende Rede (Mi 2,11);
2) Keine Spur von Selbstsicherheit oder Arroganz im Auftreten (vgl. Jer 27 f.);
3) Wahre Propheten »leben« nicht von ihrer Prophetie und sind deshalb unabhängig und frei (vgl. Mi 3,5; Am 7, 10–17);
4) Korrespondenz zwischen Botschaft und Lebensweise des Propheten (vgl. Jer 23,14);
5) Der Prophet sucht nicht seine prophetische Tätigkeit, sondern ist »berufener Rufer« – oft gegen seinen eigenen Willen (vgl. das Zurückschaudern in den Berufungsberichten Jes 6; Jer 1; Hes 1–3 sowie die sog. Konfessionen des Jeremia: Jer 11,18–23; 12,1–6; 15,10–21; 17,12–18; 18,19–23; 20,7–18).

Zenger hat ebenfalls eine Liste ihrer menschlich oft anstößigen Eigentümlichkeiten aufgestellt, die auf ihrer direkt vom HERRn empfangenen Sendung beruhen:

1) Spektakuläre Szenerie
2) Kräftige, schockierende und sogar obszöne Bilder
3) Rhythmisch-poetische Sprache, kunstvolle Gedichte und Liedformen
4) Zeichenhandlungen, Rollenspiele, Pantomimen und Straßentheater
5) Einsatz von Flugblättern, Plakaten bzw. Transparenten und Briefen

Hier einige Beispiele zu 2: Hesekiel vergleicht in den Kapiteln 16 und 23 das Verhältnis Gottes zum Volk Israel mit einer Ehe und den Götzendienst Israels daher mit Ehebruch und Hurerei, die dann in den derbsten Formen ausgemalt wird (*LXX*: »die Schamteile ihrer Buhlen waren wie die von Hengsten«, Hes 23,20). Amos herrscht die reichen Damen in Israel an: »Höret dies Wort, ihr fetten Kühe, die ihr auf den Bergen Samarias seid und den Dürftigen Unrecht tut und die Armen zertretet und sprecht zu euren Männern: Bringt her, lasst uns saufen!«

»Straßentheater« nennt Zenger treffend Aktionen wie die Jesajas, der nackt und barfuß durch die Stadt geht, weil dereinst die Ägypter und die Äthiopier vom König von Assyrien weggeführt werden, »nackt und barfuß und mit entblößtem Gesäß«. (Jes 20,1–4) Jeremia soll einen Tonkrug kaufen und ihn vor den Augen der Ältesten des Volkes und der Priester zerschmettern, weil JHWH Zebaoth genauso das Volk und die Stadt zerschmettern wird (Jer 19,1–11a).

Karl Ove Knausgård berichtet in seinem Roman *Alles hat seine Zeit* (s. S. 51) in Zusammenhang mit Antinous Belloris (fiktivem) Standardwerk *Über die Natur der Engel* zum Stichwort der »Cherubim« so anschaulich wie ausführlich von Hesekiels Berufungsvision und seinem Verspeisen einer Torarolle, in dessen Folge Hesekiel und sein Handeln selbst zum lesbaren »Zeichen«, zur Schrift Gottes an die Menschen werden:

> Hesekiel verzehrte nicht nur Gottes Wort, sodass es Teil seines Körpers wurde, Gott unterstellte ihn überdies seiner Kontrolle und zwar direkt, indem er Hesekiels Zunge lähmte und somit steuerte, wann dieser zu schweigen und zu reden hatte, und indirekt durch seine detaillierten Gebote und Anweisungen […] Moses' Gebote kamen von einem abwesenden Gott, auf Steintafeln geschrieben, Hesekiels von einem gegenwärtigen, überbracht durch den Körper. Gott schien Hesekiels Körper als Hilfsmittel zu benutzen, um sich unter die Menschen zu mischen.

Wenn Jesus als Gottes Wort an die Menschen in Reden und Handeln, als *messias in actu*, in allen vier Evangelien (Mk 11,15–17 und Parallelstellen) die Händler und Wechsler aus dem Tempel peitscht und sich dabei auf *Jesaja* und *Jeremia* beruft, stellt er sich bewusst in die Tradition solchen prophetischen Zeichenhandelns.

Wie Zenger betont, geht nach dem heutigen Stand der Prophetenforschung kein einziges der überlieferten Prophetenbücher direkt auf den Propheten zurück, dessen Namen es trägt. Das hängt mit der inneren und äußeren Weise der Überlieferung zusammen. Der Prophet verkündete des HERRn Wort mündlich, aktuell auch im Sinne von »in actu«, d. h. agierend, wenn er nackt durch die Stadt lief, einen Krug zerschmetterte oder eine Spielzeugstadt baute und Belagerung spielte (Hes 4,1–4). Als in die Geschichte hineingesprochene Worte Gottes wurden sie aufgezeichnet, aber natürlich nicht in dokumentierender Absicht. Außerhalb der eigentlichen Situation, des ehemals konkreten »Sprechakts«, bedurfte das Wort der Deutung und Erläuterung, war aber auch offen genug für Aktualisierungen, wie sie heute noch allsonntäglich millionenfach in Predigten geschehen. Ein Wort konnte auch andere an sich ziehen, an sich lagern, sodass sich thematische Gruppen bildeten.

Wichtig zum Verständnis ist hier, dass ja auch die schriftliche Überlieferung offen war. Als Träger der Schrift dienten Rollen, die aus aneinandergenähten Papyrusblättern oder Lederstücken bestanden. Geschrieben wurde in Kolumnen. An den Rand, unter oder über die Kolumne konnte man seinen Kommentar schreiben, ähnliche Worte notieren. Wurde die Rolle brüchig, konnte Text wegfallen und musste ergänzt werden. Beim Abschreiben von der zerlesenen Rolle drangen solche Passagen dann in den Text ein, erweiterten ihn und schrieben ihn fort. Verleger und Buchhändler, für die gelehrte Sklaven in einem Schreibsaal nach Diktat regelrechte Auflagen schrieben, gab es erst im Hellenismus. Bei den Prophetenrollen ist an Unikate oder wenige Exemplare zu denken, die in (schrift-)prophetischen Kreisen tradiert wurden.

Zudem wurden alle Prophetenbücher – auch das Gesamtcorpus des Zwölfprophetenbuchs – einer abschließenden Redaktion unterzogen, die an der Gesamtanordnung und Komposition der verschiedenen Schichten erkennbar ist. So ist es heute kaum noch möglich, aus der vorliegenden Letztgestalt auf einen »Urbestand« »echter« Worte des jeweiligen Propheten zu schließen. Auch die erzählerischen Passagen der Bücher, die also nicht die Form der Rede aufweisen, lassen nicht die Rekonstruktion einer Biografie zu.

Schon früh war aufgefallen, dass die *Jesaja-Rolle* deutlich in zwei verschiedene Teile zerfällt, 1–39 und 40–66. Während der erste Teil die Berufung des Propheten in der berühmten Vision des thronenden JHWH erzählt (Jes 6), beginnt der zweite Teil neu mit dem Hören einer Berufung, einer sogenannten Audition (Jes 40,6–8).

> Es spricht eine Stimme: Predige!, und ich sprach: Was soll ich predigen? Alles Fleisch ist Gras, und alle seine Güte ist wie eine Blume auf dem Felde. Das Gras verdorrt, die Blume verwelkt; denn des HERRN Odem bläst darein. Ja, Gras ist das Volk! Das Gras verdorrt, die Blume verwelkt, aber das Wort unseres Gottes bleibt ewiglich. (Jes 40,6–8)

Während der eigentliche Jesaja auf Mitte des 8. Jahrhunderts datiert wird, spricht der zweite Teil heilverkündend um 540 v. Chr. in die Situation des Exils hinein. Man hat ihm den Notnamen »Deuterojesaja« (= ›Zweiter Jesaja‹) gegeben und noch eine dritte Einzelgestalt als Verfasser von Jesaja 56–66 angenommen (»Tritojesaja«). Da man inzwischen von einer »Fortschreibung« der *Jesaja-Rolle* über mehrere Jahrhunderte ausgeht, verschwindet für einige Forscher der zweite Jesaja in der anonymen Tradierung, während andere an ihm als einer eigenen Prophetengestalt festhalten.

Rätselhaft sind in *Jesaja* 40–55 die vier Lieder vom Gottesknecht und von dessen unverdientem Leiden: Jes 42,1–4; 49,1–6; 50,4–9; 52,13–53,12. Das letzte davon liest der Kämmerer aus Äthiopien (s. S. 32), und seine Frage »Ich bitte dich, von wem redet der Prophet das, von sich selber oder von jemand anderem?« ist heute so aktuell wie vor fast 2000 Jahren; heutige Alttestamentler sind in diesem Punkt nicht weiter als der hohe äthiopische Beamte.

Das *Neue Testament* hat sich als Erfüllung des »Alten« gesehen, und hierfür kommt den Propheten eine besondere Bedeutung zu, da ihre Heilsverheißungen für die Zukunft christlich auf Jesus bezogen wurden, der deshalb als Davidssohn in Bethlehem geboren sein sollte (s. S. 139) von einer Jungfrau (s. Jes 7,14), der ein Exil in Ägypten erleiden musste (Hos 11,1) usw. Jesus selbst hat sich in der Außenseiterrolle der Propheten gesehen (s. etwa Mt 23,37); im Gleichnis ist er der letzte Bote des Herrn an die bösen Weingärtner (Mk 12,1–9 u. Parallelstellen). Für seine

Jünger waren neben den Klagepsalmen besonders die Lieder vom leidenden Gottesknecht von äußerster Wichtigkeit, um die Katastrophe der Kreuzigung ihres Meisters zu deuten – nicht nur der Äthiopier war hier ratlos, sondern auch der engere Jüngerkreis. Den beiden mutlos in ihre Heimat zurückgehenden Jüngern erklärt der Auferstandene selbst den Sinn seines Kreuzestodes aus der Hebräischen Bibel: »Musste nicht Christus dieses erleiden und in seine Herrlichkeit eingehen? Und er fing an bei Mose und allen Propheten und legte ihnen aus, was in allen Schriften von ihm gesagt war.« (Lk 24,26 f.)

Hinsichtlich ihres Sinns innerhalb des *Jesaja-Buches* zeichnet sich keine Lösung ab, Hinweise gelten einem möglichen Martyrium dieses Propheten, einer Deutung auf Israel oder auch auf Jerusalem.

Das Zwölfprophetenbuch

Das Buch, auf der Rolle etwa so lang wie die Jesaja-Rolle, ist als Einheit zu sehen, wie ja auch die theologisch zu verstehende Zwölferzahl symbolisch zu verstehen ist. Die *LXX* nennt es entsprechend als ein Werk »Dodekapropheton«. Die kritische Wissenschaft hat sich meist um Sonderung der einzelnen Propheten bemüht, erst neuerdings geht man stärker auf die Gesamtkomposition ein.

Diese folgt einer fiktiven Chronologie gemäß den in den einzelnen Teilen genannten Daten oder historischen Umständen. Wo solche fehlen, wurde die Einordnung durch thematische Bezüge vorgenommen. Die Jona-Legende (s. S. 25) wurde an einen im 2. *Buch der Könige* (2 Kön 14,25) erwähnten Propheten Jona angelehnt und deshalb ins achte Jahrhundert datiert. Erich Zenger hat die strenge formale Schematik sowie die Verteilung der zwölf Namen auf drei Jahrhunderte im Dreier- und Sechserpack sehr klar in einer Tabelle herausgestellt.

Hosea (8. Jh.)	Das Wort JHWHs, das *erging an* Hosea
Joel	Das Wort JHWHs, das *erging an* Joel
Amos	Die Worte des Amos, die er schaute über Israel
Obadja	Schauung des Obadja
Jona	Und es *erging das Wort* JHWHs *an* Jona

Micha	Das Wort JHWHs, das erging an Micha
Nahum (7. Jh.)	*Ausspruch über* Ninive, Buch der Schauung des Nahum
Habakuk	Der *Ausspruch*, den der Prophet Habakuk schaute
Zefanja	Das Wort JHWHs, das erging *an* Zefanja
Haggai (6. Jh.)	Im 2. Jahr des Königs Darius, am 1. Tag des 6. Monats, *erging das Wort* JHWHs durch den Propheten Haggai
Sacharja	Im 2. Jahr des Darius, im 8. Monat, erging das Wort JHWHs an den Propheten Sacharja
Maleachi	Ausspruch, Wort JHWHs an Israel *durch* Maleachi

Das *Buch Maleachi* (Mal 3,22–24) schließt nicht nur die »kleinen Propheten« ab, sondern die gesamte Prophetie und in der *LXX* das gesamte Erste Testament mit feierlichem Rückblick auf die *Tora* des Mose am Anfang und den Tag des Herrn am Ende (s. S. 24).

Prophetie und Geschichtsbücher

Die Propheten haben wesentlichen Einfluss auf die Entstehung der Gesetzessammlungen und der Geschichtserzählungen genommen, in die sie eingebettet sind. Die Kult- und Rechtsreform König Hiskias von Juda (reg. 725–696) wurzelt nach Rainer Albertz in der theologischen Reflexion, die der Untergang des Nachbarreichs Israel ausgelöst hatte, zu dem er sogar eine personelle Beziehung herstellt: Anhänger des Propheten Hosea könnten in dieser Zeit ins Südreich gekommen sein, was Ähnlichkeiten der Reform mit der Predigt Hoseas erklärte. Albertz sieht den schriftlichen Niederschlag der Hiskia-Reform in der »Bundesbuch« genannten alten Gesetzessammlung (2 Mose 20,22–23,19). Sie enthält neben Vorschriften zur JHWH-Verehrung am Anfang und am Ende zahlreiche Vorschriften, oft in kasuistischer Form, zum Strafrecht, zum Zivilrecht und zu sozialen Fragen. Bei Gewaltdelikten werden etwa die straf- wie zivilrechtlichen Folgen aufgelistet, d. h. neben der Strafe wird auch der Schadensersatz geregelt. Hier hat das fast immer falsch verstandene und daher berüchtigte »Auge um Auge, Zahn um Zahn« (2 Mose 21,24) seinen Platz; es soll einen angemessenen Schadensersatz sicherstellen. Zahlreiche Vorschriften dienen dem Schutz der Sklaven, der Fremdlinge, der Witwen, andere sollen als Grundlage für all das einen fairen Prozess vor unbestechlichen Richtern garantieren.

Die zweite große Reform unter Josia (reg. 640–608), nach dem damals entstandenen Gesetzbuch auch deuteronomische Reform genannt, wurde ebenfalls von Propheten unterstützt, und zwar von den Fortschreibern der Jesaja-Prophetie und dem jungen Jeremia, den Albertz zur Hosea-Tadition in Beziehung setzt.

Das *Deuteronomium* stellt den ersten theologischen Gesamtentwurf der JHWH-Religion dar und kündet von Mose als dem Größten aller Propheten und Gottesmänner. Geschichtlich spannt es den Bogen vom Exodus über die Landnahme bis zur Erwählung eines Ortes, wo JHWHs Name thronen wird, d.h. Jerusalem. Die Rolle des zukünftigen Königs wird zurückgeschnitten, vor allem, indem auch er dem Gesetz unterstellt wird: Er soll sein Leben lang im *Deuteronomium* lesen (5 Mose 17,18). Die alte Tradition der »Lade« (s. S. 61) erfährt eine Vergeistigung, indem sie jetzt zum Behälter für das Gesetz wird. Das *5. Buch Mose* entwickelt den Begriff des *berit* zwischen Gott und seinem Volk, nicht als ›Bund‹, sondern als Verfügung. Albertz erinnert an die assyrischen Vasallenverträge, die auch eher einseitig waren; jetzt, nach Ausfall der assyrischen Großkönige, tritt Jahwe an deren Stelle. Ein solcher *berit* ist der Eid, den Gott den Vätern geschworen hat (5 Mose 7,6–11), die Theophanie am Sinai, mit der die Gesetzgebung verbunden wird, und das *5. Buch Mose* selbst; als Abschiedsrede Moses wird es zum *berit* von Moab (5 Mose 28, 69 ff. bzw. 5 Mose 29,1 ff.), der mit jeder Generation erneuert wird (5 Mose 5,1–3). Der Text, der dies alles festhält, wird für unabänderlich erklärt.

»Ihr sollt nichts hinzutun zu dem, was ich euch gebiete, und sollt auch nichts davontun, sondern die Gebote des Herrn, eures Gottes, halten, die ich euch gebe.« (5 Mose 4,2.) Als Überlieferungsregel betrachtet, kann darin eine Erklärung für die Dubletten und Widersprüche in den Geschichtsbüchern der Hebräischen Bibel gesehen werden, die ja auch damals schon aufgefallen sein müssen. Wenn man etwa in der »Priesterlichen Komposition« (s. S 104) zwei Traditionen ineinander redigierte, tat man im Grunde ja nichts hinzu, weil beide Texte heilig waren, durfte aber auf keinen Fall nur um des logischen Ausgleichs willen etwas »davontun«; das war explizit verboten.

Die Vorschriften stellen eine sehr weitgehende soziale Gesetzgebung dar mit Verbot der Zinsnahme unter Israeliten, Steuererleichterungen, der Regelung einer Armenversorgung auf Ortsebene, der Empfehlung, Schuldsklaven bei ihrer Freilassung ein Startkapital zu geben. Schließlich war der Herr der Sklaven selbst einst Sklave in Ägypten; und wenn im Grundgesetz der Bundesrepublik Deutschland steht »Eigentum verpflichtet«, so gilt das schon im *Deuteronomium* für die Gaben JHWHs. Der Josia-Reform, die Tendenzen des hiskianischen Bundesbuches fortschreibt, verdankt die JHWH-Religion »diesen starken Zug zur sozialen Solidarität mit den Schwachen«. (Albertz)

Für die private Frömmigkeit entwickelt das *Deuteronomium* einen kleinen Katechismus mit Glaubensbekenntnis und den Zehn Geboten, wie es ja auch im *Sch'ma Israel* (5 Mose 6,4–9) Gottes Gesetz wortwörtlich im Alltag ansiedelt (s. S. 77). Das *5. Buch Mose* (5 Mose, 6–21) ist der ursprüngliche Ort des Dekalogs, wo er auch in den Kontext passt, während er im *2. Buch Mose* (2 Mose 20,1–17) ersichtlich eingeschoben ist.

Die beiden Versionen differieren am stärksten im Sabbatgebot, das vor allem als privates Bekenntnis jeder Familie zu JHWH im Exil wichtig wurde und so auch eine Funktion in der sozialen Kontrolle der Exilierten hatte. Die Fassung des Gebots in 5 Mose 5,12–15 zielt sehr stark auf den sozialen Aspekt eines Ruhetages auch für Fremde, Sklaven, ja das Vieh ab, während 2 Mose 20,8–11 an Gottes Sabbat am siebten Schöpfungstag anknüpft, also den Priesterlichen Schöpfungsbericht bereits voraussetzt (s. o. S. 79 f.). Da Mose in 5 Mose 5 die Gebote zitiert, gehen sie wohl in der Hauptsache dem übrigen *5. Buch Mose* voraus.

Die zehn Gebote in der Fassung des *Deuteronomiums*

1. Ich bin der HERR, dein Gott, der dich aus Ägyptenland geführt hat, aus der Knechtschaft. Du sollst keine anderen Götter haben neben mir.
2. Du sollst dir kein Bildnis machen in irgendeiner Gestalt […] Du sollst sie nicht anbeten noch ihnen dienen. Denn ich, der HERR, dein Gott, bin ein eifernder Gott, der die Missetat der Väter heimsucht bis ins dritte und vierte Glied an den Kin-

dern derer, die mich hassen, aber Barmherzigkeit erweist an vielen Tausenden, die mich lieben und meine Gebote halten.

3. Du sollst den Namen des HERRN, deines Gottes, nicht missbrauchen; denn der HERR wird den nicht ungestraft lassen, der seinen Namen missbraucht.
4. Den Sabbattag sollst du halten, dass du ihn heiligst, wie dir der HERR, dein Gott, geboten hat. Sechs Tage sollst du arbeiten und alle deine Werke tun. Aber am siebenten Tag ist der Sabbat des HERRN, deines Gottes. Da sollst du keine Arbeit tun, auch nicht dein Sohn, deine Tochter, dein Knecht, deine Magd, dein Rind, dein Esel, all dein Vieh, auch nicht dein Fremdling, der in deiner Stadt lebt, auf dass dein Knecht und deine Magd ruhen gleichwie du. Denn du sollst daran denken, dass auch du Knecht in Ägyptenland warst und der HERR, dein Gott, dich von dort herausgeführt hat mit mächtiger Hand und ausgerecktem Arm. Darum hat dir der HERR, dein Gott, geboten, dass du den Sabbattag halten sollst.
5. Du sollst deinen Vater und deine Mutter ehren, wie dir der HERR, dein Gott, geboten hat, auf dass du lange lebest und dir's wohlgehe in dem Lande, das dir der HERR, dein Gott, geben wird.
6. Du sollst nicht töten.
7. Du sollst nicht ehebrechen.
8. Du sollst nicht stehlen.
9. Du sollst nicht falsch Zeugnis reden wider deinen Nächsten.
10. Du sollst nicht begehren deines Nächsten Frau. Du sollst nicht begehren deines Nächsten Haus, Acker, Knecht, Magd, Rind, Esel noch alles, was sein ist.

Das Credo Israels

Dieser Text galt sehr lange als ältestes geschichtliches Credo Israels. Erkennbar ist darin die Historisierung eines kanaanäischen Erntefestes:

> Mein Vater war ein Aramäer, dem Umkommen nahe, und zog hinab nach Ägypten und war dort ein Fremdling mit wenig Leuten und wurde dort ein großes, starkes und zahlreiches Volk. Aber die Ägypter behandelten uns schlecht und bedrückten uns und legten uns einen harten Dienst auf. Da schrien wir zu dem HERRN, dem Gott un-

serer Väter. Und der HERR erhörte unser Schreien und sah unser Elend, unsere Angst und Not und führte uns aus Ägypten mit mächtiger Hand und ausgerecktem Arm und mit großem Schrecken, durch Zeichen und Wunder, und brachte uns an diese Stätte und gab uns dies Land, darin Milch und Honig fließt. Nun bringe ich die Erstlinge der Früchte des Landes, das du, HERR, mir gegeben hast. – Und du sollst sie niederlegen vor dem HERRN, deinem Gott. (5 Mose 26,5b–10a; ähnlich 5 Mose 6,20–25 mit dem ausdrücklichen Zweck der Kinderlehre)

V Das deuteronomistische Geschichtswerk

Im Exil oder auch in Juda während der Exilzeit wird das *Deuteronomium*, das *5. Buch Mose*, als Geschichte des Exodus fortgeschrieben, von der Landnahme über Richter- und Königszeit bis zum Exil. Es entsteht jenes von Jahwe und seiner richtigen Verehrung bestimmte Geschichtswerk, das auf S. 41 dargestellt wurde.

»Ein von einem Ausschuss erfundenes Pferd« – der endgültige *Pentateuch*

Der ehemalige US-Außenminister Henry Kissinger soll einmal gesagt haben, ein Kamel sei ein von einem Ausschuss entworfenes Pferd. Auf den *Pentateuch* angewendet, erklärt das nach E. Blum und vor allem nach R. Albertz sozusagen dessen Zweihöckrigkeit.

Laut dem *Esra-Buch* wird Esra vom persischen Großkönig beauftragt, in Jerusalem und Juda das Gesetz seines Gottes bekanntzumachen und danach zu verfahren. Albertz sieht darin ein auch sonst für persische Provinzen bezeugtes Interesse an der Kultordnung der unterworfenen Völker. Israel bekommt also die Chance, seine gesamten Traditionen amtlich zu sichern. »Dadurch setzten sich aber die jüdischen Gruppierungen dem

Zwang aus [...], einen für die Mehrheit tragfähigen Kompromiß zu schließen«, den man gleichzeitig den Persern zeigen konnte (Albertz)

Albertz sieht ihn in einem Nebeneinander zweier bis zur Gegensätzlichkeit widersprüchlicher Richtungen: Ist die Religion Israels eine Geschichts- oder eine Kultreligion, eine Staatsreligion oder unkontrolliert prophetisch, eine Befreiungs- oder eine Königs- und Zionstheologie? Was ist wichtiger, ein geregelter Tempelkult oder die Gestaltung der sozialen Beziehungen? (Albertz)

Der erste Entwurf, der »Vorpriesterliche Pentateuch«, geht auf Laientheologen um 500 v. Chr. zurück. Sie schalten dem Exodus die Erwählung der Erzväter vor; da eine Urgeschichte fehlt, gibt es eine Universalität erst in der Zukunft, nicht von Anfang an. Die Landverheißung an die Väter wird zur aktuellen Botschaft an die Exilierten, zur Aufforderung zur Rückkehr. Das Königtum kommt nicht vor, »Tempel, Kult und Priesterschaft« treten völlig zurück. Der Kult wird dem Gesetz nachgeordnet und ist priesterlos; des Priesters Aaron gelinde gesagt dubiose Rolle beim Goldenen Kalb gehört in diese Schicht. Prophetie wird akzeptiert, aber mit Hilfe der *Tora* des Mose domestiziert (4 Mose 12,1–9).

Der Text endet so, dass sich das zuvor entstandene deuteronomistische Geschichtswerk anschließt, ohne zu seinem Teil zu werden. Dies betont zum einen die bis zum heutigen Judentum absolute Vorrangstellung des *Pentateuchs,* kann aber nach Albertz auch darin seinen Grund haben, dass man die Berichte über die gewaltsame Landnahme und das Heil der Königszeit nicht den Persern zur Genehmigung vorzulegen wagte.

Die Priesterliche Komposition

Die offensichtliche Zweihöckrigkeit unseres vom Ausschuss entworfenen Pferdes vermag Albertz nicht einfach einer priesterlichen Redaktion zuzuschreiben – zu vieles steht dafür unausgeglichen nebeneinander. Er schlägt deshalb die Hypothese vor, dass Laientheologen und Priesterpartei wechselseitig ihre Schriften gekannt hätten – ein wenig so wie beim Westfälischen Frieden, wo man erst zur Schlussunterschrift zusammenkam und sich bis dahin nur von Delegation zu Delegation die Schriftsätze zugeschickt hatte. So erklärt er sich den eigentümlichen Charakter des Endergebnisses als »gefrorenen Dialog, bei dem die eine Seite die Positionen der anderen ergänzt, korrigiert und sogar bekämpft«, sie aber dann doch »als gleichfalls mögliche und legitime Gesichtspunkte stehenläßt«.

Am Ende stehen dann die von Goethe beklagten, durch »eine höchst sonderbare, unbegreifliche Redaction« »sonderbar, ja unbegreiflich redigirten Bücher« (s. S. 72), Tempel und Kultgerät werden in priesterlichem Interesse schon am Sinai abschließend geregelt (2 Mose 25,1–31,1). Damit die »Herrlichkeit des Herrn« erscheint, bedarf es eines minutiös geschilderten umfänglichen Opferrituals Aarons (3 Mose 9); generell garantiert der richtige Kultus die Nähe JHWHs (2 Mose 29,42–46). Der ist jetzt aber nicht mehr königlich, sondern rein priesterlich; der Cherubthron tritt zugunsten der spirituelleren Bundeslade zurück (Albertz). Andererseits kann von einer Laisierung nicht die Rede sein; die rechtmäßigen Priester schützen das Volk sozusagen vor dem Numinosen, das es sonst vernichten könnte (4 Mose 17,27 f.). Ein Anspruch auf allgemeines Priestertum wird direkt erhoben (4 Mose 16,3) und durch ein Gottesurteil vernichtend abgeschmettert (4 Mose 16,35).

Die Integration der schon formulierten »jahwistischen« Urgeschichte lässt das von Jahwe gewollte Heil von vornherein universell erscheinen. Dementsprechend werden die historisch gewachsenen Gottesbezeichnungen jetzt systematisch durch simple redaktionelle Gleichungen ausgeglichen: Der Schöpfergott Elohim ist der El-Schaddaj der Vorväter (1 Mose 17,1), und der wiederum ist der JHWH Israels (2 Mose 6,2 f.). Die Spannungen aber, die mit diesen Gottesbildern verbunden sind, leben weiter in einem Geschichtswerk, das jetzt den gewaltigen Bogen schlägt von der Schöpfung über Noah und die Väter, Mose, Josua und die Richter, Saul und die Davididen bis zum universellen Heil in Elohim-JHWH auch jenseits eines staatlich verfassten Israel.

Chronik, Esra, Nehemia

Diese Bücher stellen ein weiteres selbständiges Geschichtswerk dar, das von Adam bis zum Wiederaufbau Jerusalems nach dem Exil reicht. Überwiegend geschieht dies durch lange Genealogien, an die später weitere Genealogien, so die Sauls (1 Chr 8; 9,1b–44), und Materialien angehängt wurden. Für die erzählerischen Partien ist, trotz umfangreicher Berufungen auf Quellen, das deuteronomistische Geschichtswerk die Vorlage. Hier erlauben Vergleiche, die Tendenz zu einer stärkeren Idealisierung etwa Davids herauszuarbeiten, auf dessen gewaltige Rücklagenbildung und private Spenden die Anfänge des Tempelbaus zurückgeführt werden. Für die nachexilische Zeit mit Esra, mit dem die Kanonisierung des *Pentateuch* verbunden wird (s. S. 103), und den Wiederaufbau und die Ummauerung Jerusalems stehen dem Chronisten aktuelle Quellen zur Verfügung, so ein in der Ich-Form gehaltener Beamtenbericht des im Exil aufgestiegenen Diaspora-Juden Nehemia, der als Aufbaukommissar nach Jerusalem geschickt wird. Das im vierten oder dritten Jahrhundert v. Chr. entstandene Werk endet mit Nehemias Kampf gegen die Mischehen, gegen üblich gewordene Gesetzesverstöße und mit einer neuen Dienstordnung für Priester, Leviten und Sänger: »Gedenke mir's, mein Gott, zum Besten!« (Neh 13,31)

VI »Schriften« oder »Poetische Bücher« (*LXX*)

An ihrem Ende öffnet sich die Hebräische Bibel hin zum Menschenwort. In den Prophetenworten hatte Gott direkt durch das von ihm »ergriffene« Medium gesprochen, in den Geschichtsbüchern hatte er sich in seinen Worten und seinem Handeln offenbart. In den »Schriften« nun spricht im Dialog mit Gott der Mensch; am deutlichsten in den Psalmen, die man mit einer berühmten Formel »die Antwort Israels« genannt hat, aber auch im Exemplum der Hiobsdichtung und den Sprüchen und Weisheitssregeln für ein geglücktes Erdenleben.

Die *Psalmen*

Die hebräische Bezeichnung lautet *Tehillim*, von Martin Buber mit ›Preisungen‹ wiedergegeben. Griechisch *psalmos* meint ein zu einem Saiteninstrument gesungenes Lied; *psalterion* kann sowohl das Saiteninstrument – eine Standleier – als auch eine Sammlung solcher Psalmen meinen, eben den *Psalter*. Durch Zusammenlegung und Trennung einzelner Psalmen differiert die Zählung nach der Hebräischen Bibel (der Luthers Übersetzung folgt) geringfügig von der der *LXX*, der wiederum die *Vulgata* und damit auch die katholische Liturgie folgen.

Das in der Endredaktion im dritten Jahrhundert v. Chr. abgeschlossene Buch zählt 150 Lieder, in denen ältere Teilsammlungen noch erkennbar sind: 3–41 (außer 37) gelten als Lieder »Davids« und werden bisweilen fiktiv Situationen in seinem Leben zugeordnet, 42–49 einer Gruppe »Korah«, 73–83 einer Gruppe »Asaph«, was eventuell Gilden von Tempelsängern waren. 120–134 sind als »Wallfahrtslieder« überschrieben, obwohl das im strengen Sinne nur 84 und 122 und vielleicht 121 sind. Ein ganz anderes Ordnungsprinzip bieten die »elohistischen« Psalmen 42–83, in denen »JHWH« systematisch durch »Elohim« ersetzt ist, wie eine Dublette noch in der Übersetzung deutlich zeigt: Psalm 14 redet vom »HERRn« (= JHWH), Psalm 53 von »Gott« (= Elohim).

Die Endredaktion hat, wohl in Analogie zu den fünf Büchern Mose, das Gesamtwerk in fünf Bücher abgeteilt, erkennbar an den Lobversen, mit denen jedes Buch endet, bis der 150. Psalm dann reiner Jubel ist: 1–41, 42–72, 73–89, 90–106, 107–150.

Nur in wenigen Fällen ist das Alter auszumachen; 110 und 132 gehören in die Königszeit, 137 ist der berühmte Exilpsalm »An den Wassern zu Babel saßen wir und weinten, wenn wir an Zion gedachten«, 126 ist nachexilisch, 19,2–7 gilt aus sprachlichen Gründen als sehr alt und 119 als jung.

Eine ganze Reihe von Psalmen weist eine zusätzliche Schmuckform auf: In ihnen folgt der Zeilenbeginn jeweils dem hebräischen Alphabet (Ps 9; 10; 25; 34; 37; 111; 112; 145), was auch bei den Klageliedern Jeremias 1–4 der Fall ist. In Psalm 119, dem »Güldenen ABC«, beginnen sogar jeweils die acht Zeilen der 22 Strophen mit demselben Buchstaben des hebräischen Alphabets. Wie bei den 22 Büchern im Kanon des Josephus (s. S. 29) und unserem »A und O« (vom griechischen Alphabet) kann damit die Schönheit des Vollkommenen, des Vollständigen zum Ausdruck gebracht werden.

Über den Königstitel »Gesalbter« in den *Psalmen* erwuchs in der Nachkönigszeit die Hoffnung auf einen zukünftigen »Gesalbten«, auf hebräisch *Messias* und auf griechisch *christos*. In diesem Sinne belehrt der auferstandene Jesus seine Jünger, die *Psalmen* handelten von ihm (Lk 24,44; s. S. 144). Ein Drittel aller Zitate aus dem Ersten Testament im Zweiten stammt aus dem *Psalter*.

Deshalb hat Luther den *Psalter* außerordentlich geschätzt und oft in Vorlesungen behandelt; in seiner »Vorrede auf den Psalter« betont er diesen christologischen Aspekt:

> »Und solt der Psalter allein deshalben thewr und lieb sein/das er von Christus sterben und aufferstehung/so klerlich verheisset/und sein Reich und der gantzen Christenheit stand und wesen fürbildet. Das es wol möchte eine kleine Biblia heisse/darin alles auffs schönste und kürtzest/so in der ganzen Biblia stehet/gefasset und zu einem feinen Enchiridion oder Handbuch gemacht und bereitet ist. Das mich dünckt/der heilige Geist habe selbs wöllen die mühe auf sich nehmen/und eine kurtze Bibel und Exempelbuch von der gantzen Christenheit oder allen Heiligen zusamen bringen. Auff das/wer die gantzen Biblia nicht lesen kündte/hette hierin doch fast die gantze Summa verfasset in ein klein Büchlin.«

Auf Martin Luther geht der Brauch zurück, evangelischen Ausgaben des *Neuen Testaments* stets die *Psalmen* als der Bibel »gantze Summa verfasset in ein klein Büchlin« beizugeben. Als menschliche Rede vergleicht Luther den *Psalter* in der Vorrede zu diesem Teil der Bibel mit Heiligenlegenden, nur dass die *Psalmen* die Worte der Heiligen widergäben, nicht die Taten. In ihrem Lob und Dank und ihrer Klage, bei der man oft in Dunkel und Hölle blicke, »auch, wo sie von Furcht und Hoffnung reden, brauchen sie solcher Wort, daß dir kein Maler also künnte die Furcht oder Hoffnung abmalen und kein Cicero oder Redkündiger also fürbilden«. Man kann in den *Psalter* wie in einen Spiegel blicken, sodass der Leser »Psalmen und Wort drinnen findet, die sich auf seine Sachen reimen und ihm so eben sind, als wären sie allein um seinetwillen aufgesetzt«. So wird der *Psalter* »zum rechten *Gnothi seauton*«, zum ›Erkenne dich selbst‹ aus dem Tempel in Delphi.

Beim Vergleich mit einem Maler, einem Rhetoriker oder gar mit dem größten lateinischen Redner Cicero wird deutlich, dass Luther auch die ästhetische Seite dieser Lieder gesehen und ihr in seiner Übersetzung Rechnung getragen hat; sie war ihm aber nur wichtig, sofern sie den Inhalt unterstrich und verstärkte. Es war daher dem 18. Jahrhundert vorbehalten, die ästhetische Seite des *Psalters* zu entdecken, wie das programmatisch die Schrift *De sacra poesia Hebraeorum* des anglikanischen Bischofs Robert Lowth von 1753 tat. Darin beschreibt er als Grundzug der hebräischen Poesie den *parallelismus membrorum*, das Verfahren, in parallelem Versbau Dinge grammatisch zu wiederholen und dabei synonym (»sondern hat Lust zum Gesetz des Herrn und redet von seinem Gesetz Tag und Nacht«, Ps 1,2), antithetisch (»Denn der Herr kennt den Weg der Gerechten; aber der Gottlosen Weg vergeht«, Ps 1,6) oder synthetisch, d. h. weiterführend zu verfahren (»Aber so sind die Gottlosen nicht, sondern wie Spreu, die der Wind verweht«, Ps 1,4). Eine regelrechte Metrik ist sehr schwer auszumachen; gewirkt haben die *Psalmen* in der deutschen Dichtung gerade wegen ihrer freien Rhythmik (s. S. 36). Lowth hat mit seiner epochalen Schrift den Blick auf den historischen Charakter der Bibel jenseits ihrer Dimension als Offenbarungsbuch freigemacht und damit die ihrerseits bahnbrechenden Arbeiten des Göttinger Orientalisten und Alttestamentlers Johann David Michaelis (1717–1791) angeregt.

Ebenso fußt auch Herder mit seiner ästhetischen Wertung der hebräischen Bibel, die sie als uralte Menschheitsdichtung neu erschloss und zugleich für die Dichtergeneration von Klopstock über Goethe bis Hölderlin als Vorbild fruchtbar machte, auf Robert Lowth. In seiner Schrift *Vom Geist der ebräischen Poesie* (1782/83) preist Herder gerade ihre Nähe zu Geist und Ursprung aller Dichtung:

> »Beruht nicht aller Rhythmus, Tanz und Wohlklang, ja ich möchte sagen alle Anmut sowohl in Gestalten als in Tönen auf Symmetrie? und zwar auf einer leicht zu fassenden Symmetrie, auf Simplizität im Ebenmaße? […] Und ist nicht der ebräische Parallelismus das simpelste Ebenmaß in Gliedern der Gedichte, Bildern und Tönen? Die Silben wurden noch nicht genau skandiert und gemessen, auch nicht einmal überall gezählt, aber Symmetrie in ihnen ist dem blödesten (= dem schwächsten) Ohre vernehmbar. […]«

> Die schönsten und natürlichsten Odengattungen sind's durch den Parallelismus […] Die beiden Glieder bestärken, erheben, bekräftigen einander in ihrer Lehre oder Freude. Bei Jubelgesängen ist's offenbar; bei Klagetönen will es die Natur des Seufzens und der Klage […] Bei Lehroden bekräftigt ein Spruch den andern: es ist als ob der Vater zu seinem Sohne spräche und die Mutter es wiederholte […] Nur freilich hat der ebräische Parallelismus vor unseren nordischen Sprachen das voraus, daß er mit seinen wenigen Worten die Region schön ordnet und zuletzt prächtig in der Luft verhallen lässet; für uns ist er beinah unübersetzbar.

Solche Lieder finden sich in der gesamten Hebräischen Bibel; Davids Totenklage um Saul und Jonathan wurde oben zitiert (s. S. 63); weitere berühmte Beispiele sind das Lied Moses (Dtn 32,1–43), das große Schilfmeerlied (Ex 15,1–18), das Mirjamlied (Ex 15,21b), das Deboralied (Ri 5,1–31), der Hannapsalm (2 Sam 1,19–27) der Jonapsalm (Jon 2,3–10); die Konfessionen Jeremias (s. S. 94) sind Klagepsalmen.

Gattungen der *Psalmen*

H. J. Boecker referiert übersichtlich die von Frank Crüsemann erstellte Gattungsübersicht der *Psalmen*: Das kurze Mirjamlied, das vielfach als uralt gilt, bildet die Grundform eines Lobpsalms in Form eines »imperativischen Hymnus«:

> Singet JHWH!
> Ja, hoch erhob er sich,
> Roß und Wagenführer warf er ins Meer.

Solche Lobpsalmen befehlen das Lob JHWHs und preisen als Grund dafür seine großen Taten an Israel (z. B. Ps 103; 104; 11; 11; 135).

Die zweite hymnische Grundform ist der »partizipiale Hymnus«, bei dem an den Gottesnamen preisende Partizipien angehängt werden, die im Deutschen als Relativsätze erscheinen (z. B. Ps 136). In zahlreichen Psalmen kommt es auch zu Verbindungen dieser Elemente, z. B. im Psalm 135.

Weiter unterscheidet Crüsemann noch den JHWH anredenden Hymnus des einzelnen (Ps 8) und das Danklied des einzelnen (Ps 30), das zuerst den HERRn anredet und dann den Hörern von seinen Taten in der dritten Person erzählt.

Zwei Gruppen von Psalmen berichten von einer Thronbesteigung JHWHs oder von seinem Königtum, so Ps 93; 97 und 99 mit der stereotypen Einleitung »Der HERR ward König« und Ps 47; 95; 96; 98, die dies in der Form des imperativischen Psalms tun.

Eine sehr wichtige Gruppe bilden die Klagepsalmen des Einzelnen mit ihren Fragen »Warum?« (z. B. Ps 22,2; 42,10; 43,2; 88,15) und »Wie lange?« (z. B. Ps 13,2; 35,17; 74,10). Der Einzelne klagt in Krankheit, Todesnot und Rechtsnot. Uns Heutige befremdet die Apostrophierung der Feinde und der Wunsch nach exzessiven Strafen für sie. Deshalb weist Boecker darauf hin, dass die den Unschuldigen bedrängenden Feinde auch immer zugleich des HERRn Recht verletzen; und er ist es auch, der sie deshalb strafen soll.

Erklärungsbedürftig ist ebenfalls der Stimmungsumschwung in einigen Klagepsalmen, z. B. in 22, wo ab Vers 23 der Dank beginnt. Dies ist wohl zeitlich zu verstehen: Entweder erzählt der Beter in einem Dankgottesdienst den Mitfeiernden erst von der Not, dann von der erfahrenen Hilfe, oder er ist sich der Hilfe so sicher, dass er für die Zukunft jetzt schon dankt.

Von einer individuellen Deutung, etwa in Form der Rekonstruktion einer Notlage, ist die Forschung abgerückt; denn auch das Textgut der Klagepsalmen des Einzelnen ist formelhaft und kultbezogen, wenn auch vielleicht eher auf der Ebene von Familie und Sippe als auf der des Tempels. Ob diese Psalmen gesungen wurden oder aber nur die im Kult verankerten erkennbar hymnischen Gedichte ist unsicher. Das bis heute nicht geklärte »Sela«, das häufig in den *Psalmen* steht, begegnet gehäuft in den Einzelpsalmen, wo es dann vielleicht ein »Lesezeichen« – für eine Pause? – wäre.

Auffallend ist eine spezifische Armenfrömmigkeit der *Psalmen*; über 20 Stellen preisen den Gott oder rufen ihn an, der besonders den Armen hilft, ihnen Recht schafft und sie erlöst – wie in Jesaja 61,1 verheißen und von Jesus eingelöst: »Blinde sehen und Lahme gehen, Aussätzige werden rein und Taube hören, Tote stehen auf und Armen wird das Evangelium gepredigt.« (Mt 11,5)

In den »Klageliedern des Volkes« tritt bei großen allgemeinen Unglücken bis hin zur Zerstörung Jerusalems und des Tempels das »Wir« an die Stelle des »Ich«. Psalm 44 zählt in Vers 2 bis 9

Gottes große Taten in der Vergangenheit auf; die Verse 10 bis 23 schildern die Not in der Gegenwart, die Verse 24–27 artikulieren dann die Bitte.

Zur Aktualität der *Psalmen* zitiert Boecker Rainer Maria Rilke: »Ich habe die Nacht einsam hingebracht … und habe schließlich … die Psalmen gelesen, eines der wenigen Bücher, in dem man sich restlos unterbringt, mag man noch so zerstreut und ungeordnet und angefochten sein.« Rilke wiederholt hier etwa 400 Jahre später Luthers Erfahrung, jeder könne sich im *Psalter* finden, als käme er wirklich dort vor. Gerade die Gattungsforschung zu den *Psalmen* hat deutlich gemacht, dass aus ihnen nicht irgendein Individuum aus einer fernen Vergangenheit zu uns spricht, sondern dass sich hier vielmehr die Leid- und Glaubenserfahrung vieler Generationen von Beterinnen und Betern verdichtet haben.

Psalm 23 in Übersetzungen Martin Luthers von 1545 und Martin Bubers von 1958

Aus den vielen Versuchen, der Poesie der *Psalmen* in deutscher Übersetzung gerecht zu werden, seien hier Vertreter zweier entgegengesetzter Übersetzungstheorien beispielhaft zitiert: Luther will den fremden Text deutschen Lesern möglichst nahebringen, ist also an einem Zieltext interessiert, der in der Zielsprache möglichst unanstößig lesbar ist, während Martin Buber einen über 2000 Jahre alten Quelltext fernen und fremden Lesern in seiner ursprünglichen Eigenart vermitteln will.

Ein Psalm Davids
DER HERR ist mein Hirte/Mir wird nichts mangeln.
Er weidet mich auff einer grünen Awen/und füret mich zum frischen Wasser.
Er erquicket meine Seele/er fürt mich auf rechter Strasse/Umb seines Namens willen.
UNd ob ich schon wandert im finstern Tal/fürchte ich kein Unglück/ Denn du bist bey mir/Dein Stecken und Stab trösten mich.
Du bereitest für mir einen Tisch gegen meine Feinde/Du salbest mein Heubt mit öle/Und schenckest mir vol ein.
Gutes und Barmhertzigkeit werden mir folgen mein Leben lang/Und werde bleiben im Hause des HERRN jmerdar.

Ein Harfenlied Dawids

ER ist mein Hirt,
mir mangelts nicht.
Auf Grastriften
lagert er mich,
zu Wassern der Ruh
führt er mich.
Die Seele mir
bringt er zurück,
er leitet mich
in wahrhaftigen Gleisen
um seines Namens willen.–
Auch wenn ich gehn muß
durch die Todschattenschlucht,
fürchte ich nichts Böses,
denn du bist bei mir,
dein Stab, deine Stütze –
die trösten mich.
Du rüstest den Tisch mir
meinen Drängern zugegen,
streichst das Haupt mir mit Öl,
mein Kelch ist Genügen.
Nur Gutes und Holdes
verfolgen mich nun
alle Tage meines Lebens,
ich kehre zurück
zu DEINEM Haus
für die Länge der Tage.

Das Nachwirken des *Psalters*

Durch seine messianisch christologische Lesart hatte der *Psalter* von Anfang an eine nicht zu unterschätzende Präsenz im frühen Christentum; er wurde zum Gebetbuch der Kirche mit hoher Präsenz in der Liturgie, im Stundengebet der Orden und im Brevier jedes Geistlichen. Luther hat einen Teil seiner Lieder nach Psalmen gedichtet; sein berühmtestes Lied »Ein feste Burg ist unser Gott«, das in Übersetzung auch in katholischen Diözesen der USA gesungen wird, ist eine Nachdichtung von Psalm 46. In den von Calvin beeinflussten Kirchen der Reformation bürgerten sich rasch französische Reimpsalter ein, die von Andreas Lobwasser und Mathias Jorissen auf Deutsch nachgedichtet wurden.

Einen ungeheuren produktiven Schub setzte die ästhetische Entdeckung der *Psalmen* als uralte Dichtungen durch Lowth und Herder frei. Neben den Hymnen Pindars, die damals als metrisch ungeregelt galten, beeinflussten die *Psalmen* die Entstehung der gegen die Reimtradition gewandten freien Hymnen bei Klopstock, dem jungen Goethe und Friedrich Hölderlin. Aus dem vergleichbaren Aufbruch des 20. Jahrhunderts waren die *Psalmen* dann nicht mehr wegzudenken. Der Büchner-Preisträger Arnold Stadler, der selber Psalmen übersetzt, hat in seiner Dissertation das Nachwirken des lutherischen *Psalters* in den das irdische Dasein preisenden Vitalitätspsalmen des jungen Brecht, die überwiegend im Brecht'schen Psalmenjahr 1920 entstanden sind, behandelt, vor allem aber den Einfluss der hebräischen Psalmen auf den wohl größten deutschen Lyriker in der zweiten Hälfte des vorigen Jahrhunderts, Paul Celan. Sein berühmtestes Gedicht, »Die Todesfuge«, arbeitet gerade bei den fugenhaften Wiederholungen zugleich stark mit dem *parallelismus membrorum*, und Stadler hat gezeigt, dass das meist als Referenz auf die historisch bezeugten Lagerorchester gedeutete »er befiehlt uns spielt nun zum Tanz« aus dem Exilpsalm 137,3 stammt: »Denn dort hießen uns singen, die uns hinweggeführt, hießen uns fröhlich sein unsre Peiniger: ›Singt uns eines von den Zionsliedern!‹«

Im Expressionismus finden sich Psalmenformen und -zitate etwa bei Werfel, Becher, Heynicke, Toller, Trakl und Benn. Der dem George-Kreis verbundene Literaturwissenschaftler Max Kommerell hat einen Aufsatz geradezu »Die Dichtung in freien Rhythmen und der Gott der Dichter« genannt und darin nachgewiesen, dass die dichterische Beschwörung des Göttlichen von Goethe über Novalis und Hölderlin bis zu Nietzsche und Rilke sich bevorzugt des psalmodierenden Tons der freien Hymnen bedient.

Denkt man nur exemplarisch an das Weiterleben von Psalmformen und -motiven in den Negro Spirituals amerikanischer Sklaven, an neu gedichtete Psalmen von Ernesto Cardinal oder Kurt Marti oder an den Welterfolg der afroamerikanischen Gruppe *Boney M* mit ihrer Vertonung der englischen Fassung des 137. Psalms, *Rivers of Babylon*, bekommt man eine schwache

Ahnung von der ungeheuren Präsenz der jüdischen Psalmen in der westlichen Weltkultur.

Die Weisheitsliteratur

Sie wird so genannt, weil es nicht nur in der Hebräischen Bibel eine ganze Reihe von Schriften gibt, bei denen das Ringen um und das Vermitteln von ›Weisheit‹ (gr. *sophia*) wichtig ist. Sie richtet sich nicht an Gottes Offenbarung im Gesetz, im Prophetenwort oder im Gang der Geschichte aus, sondern an der Erfahrung der Welt; ihr Ziel ist nicht das Bestehen vor Gott, sondern das geglückte Leben in der Welt. Insofern ist sie völkerübergreifend, man kann von einer altorientalischen Weisheitslehre sprechen; das *Buch der Sprichwörter* (Spr 22,17–23,11) hat z. B. überlieferte ägyptische Vorbilder.

In der Hebräischen Bibel begegnet die Weisheitsliteratur in den *Sprüchen Salomos*, im *Buch Hiob* und im *Prediger Salomo*, aber auch das *Buch Rut* oder die Josephsgeschichte können als Weisheitsnovellen bezeichnet werden (s. S. 56); bei den deuterokanonischen Schriften sind die *Weisheit Salomos* und das *Buch Jesus Sirach* typische Weisheitssammlungen.

Die *Sprüche Salomos*

Die Zuweisung der ›Sprüche‹, hebr. *Mischle*, gr. *Paroimiai*, lat. *Proverbia* an Salomo beruht auf 1 Kön 5,9–14, wo dem Sohn Davids 3000 Sprüche und 1005 Lieder zugeschrieben werden. Das historisch Gewachsene des Ganzen zeigen die Überschriften von Teilsammlungen (1,1; 10,1; 22,17; 24,23; 25,1; 30,1; 31,1), die auch in der *LXX* tatsächlich zum Teil anders angeordnet sind.

Generell ist die Form weisheitlicher Lehre nicht das Gebot, das auf Offenbarung, sondern die Regel, die auf Beobachtung und Überlieferung beruht. Das hebräische Wort *hakam* umfasst deshalb auch die Kunstfertigkeit, den Handwerksbrauch, den Sachverstand, ganz ähnlich dem gr. *techne* allgemein das Know-how des gelingenden Lebens in Theorie und Praxis.

Da die Quelle dieser Beobachtungen, der Maßstab dieser Regeln für Israel aber die Welt als Schöpfung Gottes ist, muss auch die Weisheit göttlichen Ursprungs sein, und insofern bietet die Weisheit Schöpfungstheologie, denn es gilt ja: »Der HERR hat die Erde mit Weisheit gegründet und nach seiner Einsicht die Himmel bereitet« (Spr 3,19), und zwar in allen Einzelheiten: »HERR, wie sind deine Werke so groß und viel! Du hast sie alle weise geordnet, und die Erde ist voll deiner Güter.« (Ps 104,24) Sprüche 8,22–31 ist ein Hymnus auf die Weisheit, die als erstes Geschöpf Gottes bei der Schöpfung zugegen war und insofern auch »von Ewigkeit her« ist, ein Lobpreis, der den Prolog des *Johannesevangeliums* beeinflusst haben könnte (Joh 1,1–14). So wie »die Furcht des Herrn der Weisheit Anfang« ist (Spr 1,7), führt umgekehrt die Suche nach Weisheit zur »Furcht des Herrn« (Spr 2,1–5). Insofern gilt für ihre Erkenntnisse auch das, was für Gottes *Tora* gilt (5 Mose 6,8 f.; s. S. 77); man soll sie sich um oder an den Hals binden und ins Herz schreiben oder darauf festbinden (Spr 3,3; 6,20 f.).

In personifizierter Form steht sie am Scheideweg und ruft zum Rechten (Spr 8,1 ff.); am Beginn von Kapitel 9 lädt sie die Verständigen in ihr Haus, wie es Frau Torheit mit den Unverständigen tut.

Adressat ist ein jeder, der Unerfahrene gewinnt durch sie Erfahrung (Spr 1,4), während der Weise noch weiser wird (Spr 9,9).

Als einfachste Form hebt sich der simple Spruch wie bei unserem Sprichwort heraus: »Wer eine Grube gräbt, der wird hineinfallen, wer einen Stein wälzt, auf den wird er zurückkommen« (Spr 26,27). »Rühme dich nicht des morgigen Tages, denn du weißt nicht, was der Tag bringt« (Spr. 27,1).

Weitaus häufiger ist der im antithetischen *parallelismus membrorum* (s. S. 109) gehaltene Spruch: »Der HERR lässt den Gerechten nicht Hunger leiden; aber die Gier der Gottlosen stößt er zurück.« – »Lässige Hand macht arm, aber der Fleißigen Hand macht reich.« – »Wer im Sommer sammelt, der ist klug, wer aber in der Ernte schläft, wird zuschanden« (Spr 10,3–5).

Eine weitere Form ist die des drastischen Vergleichs: »Eine schöne Frau ohne Zucht ist wie eine Sau mit einem goldenen Ring durch die Nase« (Spr 11,22). »Ein Fauler wendet sich im Bett wie die Tür in der Angel« (Spr 26,14). »Ein Spruch in eines Toren Mund ist wie ein Dornzweig in der Hand eines Trunkenen« (Spr. 26,9). »Ein zänkisches Weib und ein stetig tropfendes Dach, wenn's sehr regnet, lassen sich miteinander vergleichen« (Spr 27,15).

Beliebt sind auch die komparativischen Sprüche: »Besser einer Bärin begegnen, der die Jungen geraubt sind, als einem Toren in seiner Torheit« (Spr 17,12), »Ein Scheltwort dringt tiefer bei dem Verständigen als hundert Schläge bei dem Toren« (Spr 17,10).

Eine Besonderheit, die wohl wie alle diese Formen der besseren Lernbarkeit gilt, ist der Zahlenspruch: »Drei sind nicht zu sättigen, und vier sagen nie: ›Es ist genug‹: das Totenreich und der Frauen verschlossner Schoß, die Erde, die nicht des Wassers satt wird, und das Feuer, das nie spricht: ›Es ist genug!‹« (Spr 30,15b f.). »Drei haben einen stattlichen Gang, und vier gehen stolz einher: der Löwe, mächtig unter den Tieren und kehrt um vor niemandem; der stolze Hahn, der Widder und der König, wenn er einhergeht vor seinem Gefolge« (Spr 30,29–31).

Vergleiche können zu kleinen Lehrerzählungen werden:

> Gehe hin zur Ameise, du Fauler, sieh ihre Wege an und werde weise! Wenn sie auch keinen Fürsten noch Hauptmann noch Herrn hat, so bereitet sie doch ihr Brot im Sommer und sammelt ihre Speise in der Ernte. zusammen. Wie lange liegst du, Fauler? Wann willst du aufstehen von deinem Schlafe? Ja, schlafe noch ein wenig, schlummre ein wenig, schlage die Hände ineinander ein wenig, dass du schläfst – so wird dich die Armut übereilen wie ein Räuber und der Mangel wie ein gewappneter Mann. (Spr 6,6–11)

Wie vor allem die zahllosen Warnungen der Männer vor Ehebruch und die Ermahnungen zur ehelichen Treue zeigen, ist dem patriarchalischen System zufolge an männliche Adressaten als Zöglinge der Weisheitslehre gedacht. Den Schluss aber bietet ein kunstvolles Lied auf das »wackere Weib«, ein weiblicher Tugendspiegel, dessen 22 Zeilenanfänge wie Jeremias Klagen und manche Psalmen dem hebräischen Alphabet folgen, um so der Vollkommenheit zu huldigen (Spr 31,10–31).

Weisheitssprüche sind aufgrund ihrer Eigenart kaum zu datieren. In Ägypten z. B. sind sie von hohem Alter, in Israel mögen sie bis in die frühe Königszeit zurückgehen. Als sozialer Ort wird meist die Beamtenerziehung in Dynastien gesehen, bei der der Vater den Sohn auf seine Brauchbarkeit in Ämtern hin erzieht.

Die *Sprüche* haben die Merkmale der älteren Weisheit, da sie von einem ungebrochenen Zusammenhang zwischen Gesinnung und Handeln auf der einen und Erfolg und Ergebnis auf der anderen Seite ausgehen: Der Fleißige wird wohlhabend, der Faule bleibt arm, der gute Ehemann wird glücklich, der Ehebrecher kommt in den Netzen der Geliebten um.

Den Spruch 30,7–9 möchte ich in die Spätzeit der Sammlung, den Hellenismus datieren. Als Gebet an Gott fällt er aus der übrigen Sammlung formal einigermaßen heraus:

> Zweierlei bitte ich von dir – das wollest du mir nicht verweigern, ehe denn ich sterbe: Falschheit und Lüge lass ferne von mir sein; Armut und Reichtum gib mir nicht; lass mich aber mein Teil Speise dahinnehmen, das du mir beschieden hast. Ich könnte sonst, wenn ich zu satt würde, verleugnen und sagen: Wer ist der HERR? Oder wenn ich zu arm würde, könnte ich stehlen und mich an dem Namen meines Gottes vergreifen.

Inhaltlich weist er damit in das Denken der stoischen Philosophenschule, der in ihrer Verbreitung nicht zu überschätzenden Popularphilosophie des Hellenismus, die unter ähnlichen sozialen Bedingungen praktiziert wurde wie die ältere Weisheit. So war Seneca Neros Erzieher und Kanzler und Petronius ein hoher Mitarbeiter des Kaisers, bis beide ihre Tätigkeit nicht mehr mit dem persönlichen Ethos in Übereinstimmung bringen konnten und den Freitod wählten. Im wachsenden Chaos der Diadochenstaaten und des römischen Kaiserreiches will der Einzelne seine persönliche Integrität bewahren und weiß zugleich, dass Reichtum wie Armut die Seele gleichermaßen vom Wesentlichen – hier israelitisch traditionell: Gott – abziehen können, weshalb der Stoiker um das ›goldene Mittelmaß‹ bittet, die *aurea mediocritas* des Horaz in seiner *Ode vom richtigen Leben* 2,10. Auch die in Spr 1,2 f. genannten Tugenden *phronesis* (= ›Besonnenheit‹), *paideia* (= ›(Selbst-)Zucht‹) und *dikaiosyne* (= ›Gerechtigkeit‹) sind zentrale stoische Tugenden.

Prediger Salomo

Das ebenfalls an Salomo und seine Weisheit angelehnte Buch ist – wie auch *Hiob* – ein Vertreter der späten Weisheit. Ihr ist der »Tun-Ergehens-Zusammenhang« – Weisheit, Gerechtigkeit, Gottesfurcht führen zum Leben, Torheit, Ungerechtigkeit und

Gottlosigkeit zum Tode – nicht nur fraglich geworden, er wird direkt negiert. Der Text weist auch Merkmale der bewussten Anlehnung an einen falschen Autor auf, wie sie in den späten Schichten des *Alten* und des *Neuen Testaments* populär sind, insofern der Verfasser sich als König situiert (Pred 1,12) und sich in wahrhaft königlichem Maßstab jeden Wunsch erfüllt, inklusive der vom historischen Salomo bezeugten »Frauen in Menge, was die Wonne der Menschensöhne ist« (Pred 2,3–10). Doch auch wer materiell bis an die Grenzen des Möglichen vorstößt, macht die Erfahrung, welche die Lieder, aus denen der Text meist besteht, wie ein Refrain abschließen: »Alles ist Nichtigkeit und Haschen nach Wind.« (Pred 2,11; so auch 1,14,17; 2,17; 4,5; 4,18; 6,9 usw.) »Was gewesen ist, wird wieder sein, und was geschehen ist, wieder geschehen: Es gibt nichts Neues unter der Sonne« (Pred 1,9), könnte über einem Stück von Samuel Beckett stehen.

Die Gesamtüberschrift lautet entsprechend: »Nichtigkeit der Nichtigkeiten, Nichtigkeit der Nichtigkeiten, das alles ist Nichtigkeit« (Pred 1,2). Diese Übersetzung wurde hier gewählt, weil das übliche »Eitelkeit« durch seinen zwischenzeitlichen Bedeutungswandel missverständlich ist; gemeint ist die ältere Bedeutung ›leer, nichtig‹; im Folgenden wird wieder das traditionelle »eitel« gebraucht.

Der Name der Liedersammlung kommt vom hebr. *Qohelet*, was man als ›Sprecher, Redner in einer Versammlung‹ deutet; Luther übersetzt es als »Prediger«, international ist die gr./lat. Bezeichnung *Ekklesiastes* üblich.

In 5,11; 7,27; 10,5–11,10 finden sich konventionelle Weisheitssprüche, während ansonsten eine Auseinandersetzung mit der alten Weisheit begegnet, so in 1,12–18, wo diese selbst als eitel bezeichnet wird. Grundsätzlich trifft Weise wie Toren, Gerechte wie Ungerechte dasselbe Geschick, nämlich Unglück und letztlich der Tod.

Daneben findet sich aber auch immer wieder die Mahnung zur Weisheit; denn etwas anderes hat der Mensch nicht: »Denn wie Geld beschirmt, so beschirmt auch Weisheit; Wissen aber gewinnt Weisheit, und sie gibt Leben dem, der sie hat.« (Pred 7,12) Der Hymnus des »Predigers« über die Zeit ist einer der populärsten Texte der ganzen Bibel:

Ein jegliches hat seine Zeit,
und alles Vorhaben unter dem Himmel hat seine Stunde:
Geboren werden hat seine Zeit,
sterben hat seine Zeit;
pflanzen hat seine Zeit,
ausreißen, was gepflanzt ist, hat seine Zeit;
töten hat seine Zeit,
heilen hat seine Zeit;
abbrechen hat seine Zeit,
bauen hat seine Zeit;
weinen hat seine Zeit,
lachen hat seine Zeit;
klagen hat seine Zeit,
tanzen hat seine Zeit;
Steine wegwerfen hat seine Zeit,
Steine sammeln hat seine Zeit;
herzen hat seine Zeit,
aufhören zu herzen hat seine Zeit;

suchen hat seine Zeit,
verlieren hat seine Zeit;
behalten hat seine Zeit,
wegwerfen hat seine Zeit;
zerreißen hat seine Zeit,
zunähen hat seine Zeit;
schweigen hat seine Zeit,
reden hat seine Zeit;
lieben hat seine Zeit,
hassen hat seine Zeit;
Streit hat seine Zeit,
Friede hat seine Zeit.

Im weiteren Verlauf wird die Königsrolle des Sprechers aufgegeben und der Beamte am Hof wird erkennbar, dem eine ganze Reihe von Sprüchen zu gelten scheint: »Achte auf das Wort des Königs und halte den Eid bei Gott!« (Pred 8,2 ff.) Das ist der klassische Konflikt des Stoikers, der beim wirklichen Dilemma zwischen Macht und Ethik zum Freitod führt: *Qui potest mori, non potest cogi*, ›wer zu sterben weiß, kann zu nichts gezwungen werden‹, war Senecas Grundsatz (s. S. 32), solche Konflikte gilt es zu vermeiden. Typische Beamtensprüche sind überdies: »Wenn des Herrschers Zorn wider dich ergeht, so verlass deine Stätte nicht;

denn Gelassenheit wendet großes Unheil ab« (Pred 10,4). »Ein Geduldiger ist besser als ein Hochmütiger« (Pred 7,8b). »Ein guter Ruf ist besser als gute Salbe« (Pred 7,1). »Die Weisheit macht den Weisen stärker als zehn Gewaltige, die in der Stadt sind« (Pred 7,19). »Weisheit ist besser als Stärke« (Pred 9,16). »Weisheit ist besser als Kriegswaffen« (Pred 9,18). Zu allergrößter Diskretion wird geraten, als gäbe es schon Abhörmöglichkeiten: »Auch auf deinem Lager fluche nicht dem König, auch in deiner Schlafkammer fluche nicht dem Reichen! Denn die Vögel des Himmels könnten den Laut forttragen, und was Flügel hat, könnte die Rede verraten« (Pred 10,20).

Selbst bei Frömmigkeit und Gottlosigkeit gilt der »goldene Mittelweg« des Stoikers (Pred 7,16–19).

Neben dem Rat, trotz aller Skepsis letztlich an Gott und Gottesfurcht festzuhalten (Pred 7,19), der »die Menschen recht geschaffen hat«, auch wenn diese »viele Künste suchen« (Pred 7,30), durchzieht ein zweiter Refrain die Lieder, der ebenfalls zur allgemein angenommenen Entstehungszeit im dritten Jahrhundert vor Christus passt: »Es gibt nichts Besseres für den Menschen, als dass er esse und trinke und sich gütlich tue bei seiner Mühsal. Doch auch das, sah ich, kommt aus der Hand Gottes.« (Pred 2,24; 3,12; 3,22; 5,17; 8,15; 9,7; 9,9) Selbst der Reichtum, vor dem sonst gewarnt wird (Pred 6,2), ist eine »Gabe Gottes«, wenn man ihn genießen und sich daran freuen kann (Pred 5,18). Dieser die Lieder des Predigers durchziehende Refrain wird zum Schlusshymnus (Pred 10,9–12,8,) in dem die Jugend gemahnt wird, guter Dinge zu sein und zu genießen (Vers 9b ist ein sauertöpfischer späterer Einschub), ehe die Jahre kommen, von denen du sagen wirst: »Sie gefallen mir nicht«, ehe das grimmig ausgemalte Alter kommt und das letztliche »umsonst«, mit dem das ursprüngliche Buch schließt.

Ein gemäßigter Epikureismus ist mit dem Stoizismus durchaus kompatibel, solange man dem Genuss über frei bleibt – »haben, als habe man nicht«, wird der Apostel Paulus das später nennen; denn nicht nur über die Weisheitsliteratur, sondern auch über die Ethik des Apostels Paulus hat die Stoa des Hellenismus Eingang in die Bibel gefunden. Reichtum, Macht, Fürstengunst, Ruhm, ehrenvolles Andenken – alles ist eitel, der Weise hat davon unabhängig zu bleiben; als Stoiker agiert er dabei, nur auf sich und seine Ethik zurückverwiesen, vor einem leeren

Himmel, einem gleichgültigen Nichts, während sich der gottesfürchtige Weise, auch der Prediger, letztlich von Gott gehalten weiß, ohne dies immer erfahren zu können:

> Das sage ich aber, liebe Brüder, die Zeit ist kurz [eigentlich: zusammengedrängt – V. N.]. Fortan sollen auch die, die Frauen haben, sein, als hätten sie keine; und die weinen, als weinten sie nicht; und die sich freuen, als freuten sie sich nicht; und die kaufen, als behielten sie es nicht; und die diese Welt gebrauchen, als brauchten sie sie nicht. Denn das Wesen dieser Welt vergeht (1 Kor 7,29–31).

In dieser gleichermaßen paulinischen wie stoischen Ethik ist der *Prediger Salomo* von allergrößter Wichtigkeit für die protestantische Geistesgeschichte des 17. Jahrhunderts. Die sogenannte deutsche Barockdichtung bei Opitz, Fleming, Dach, Gryphius, Hoffmannswaldau und vielen anderen, ja das Leben der meisten protestantischen Intellektuellen wäre als oft hochgestellte Beamte in dieser Zeit der Religionswirren nicht denkbar gewesen ohne die Synthese aus christlicher »Gottesfurcht« und dem in den Niederlanden aufkommenden Neostoizismus, für die *Ecclesiastes* die immer wieder zitierte entscheidende Instanz war.

Andreas Gryphius, selbst Syndikus der schlesischen evangelischen Stände unter österreichischer katholischer Obrigkeit, hat 1637 die Eingangsverse des Predigers mitsamt seinem Motto – *Vanitas, Vanitatum, et omnia vanitas* – s. S. 119) – in einem Sonett über irdische Vergeblichkeit und das, »was ewig ist«, gültig gestaltet. Es gehört zum deutschen Literaturkanon, solange es einen solchen Kanon noch geben wird:

> Es ist alles gantz eytel. Eccl. 1.v.2.
>
> Ich seh' wohin ich seh / nur Eitelkeit auff Erden /
> Was dieser heute bawt / reist jener morgen ein /
> wo jtzt die Städte stehn / so herrlich / hoch und fein /
> Da wird in kurtzem gehn ein Hirt mit seinen Herden:
> Was jtzt so prächtig blüht / wird bald zutretten werden:
> Der jtzt so pocht und trotzt / läst übrig Asch und Bein /
> Nichts ist / daß auff der Welt könt unvergänglich seyn /
> Itzt scheint des Glückes Sonn / bald donnerts mit beschwerden.
> Der Thaten Herrligkeit muß wie ein Traum vergehn:
> Solt denn die Wasserblaß / der leichte Mensch bestehn

Ach! Was ist alles diß / was wir vor köstlich achten!
Alß schlechte Nichtigkeit? Als hew / staub / asch unnd wind?
Als eine Wiesenblum / die man nicht widerfind.
Noch wil / was ewig ist / kein einig Mensch betrachten!

Das *Buch Hiob*

Als Kern des über mehrere Schichten wohl zwischen 500 und 300 v. Chr. entstandenen *Buches Hiob* nimmt man eine Beispielsgeschichte an, die in etwa dem heutigen Prosarahmen entspricht: Bei einer Versammlung der Gottessöhne vor dem Herrn kommt die Rede auf den besonders frommen und gottesfürchtigen Hiob. Satan, hier keine widergöttliche Macht, sondern so etwas wie ein himmlischer Staatsanwalt, wie man ihn genannt hat, verdächtigt Hiobs Frömmigkeit als reinen Opportunimus aufgrund seiner bisherigen Förderung durch Gott. Der gibt Hiob um der Menschenwürde willen in Satans Hand, nur nicht sein Leben. Hiob verliert seinen gesamten Besitz und seine Kinder – die Nachrichten davon sind die sprichwörtlich gewordenen »Hiobsposten« oder »Hiobsbotschaften« –, aber Hiob besteht die Probe, er ist auch bereit, das Leid von Gott anzunehmen wie zuvor das Gute.

Bei der nächsten Himmelsversammlung kommt erneut die Rede auf Hiob. Satan hat Gott »bewogen, ihn ohne Grund zu verderben« (2,3), aber Satan meint, eine Strafe an seinem Körper würde Hiob nicht hinnehmen. Um des Menschen Würde willen gibt Gott Hiob erneut in Satans Hand, nur am Leben muss er ihn lassen. Jetzt sitzt Hiob voll juckender Geschwüre am ganzen Körper in der Asche – man denkt unwillkürlich: seines früheren Besitzes – und hat noch eine Scherbe, um sich damit zu kratzen. Seine Frau fordert ihn auf, mit einem Fluch auf den Lippen zu sterben, er aber ist weiterhin bereit, wie einst das Gute jetzt auch das Leid von Gott anzunehmen. An Hiob 2,10 kann sich dann Hiob 42,10–17 angeschlossen haben: »Und der Herr wandte das Geschick Hiobs […] und der Herr gab Hiob doppelt so viel, wie er gehabt hatte […]«. (Dass sieben neue Söhne und drei neue Töchter kein Ersatz für ebenso viele grausam umgekommene geliebte Individuen sind, ist modernes Denken und solchen Geschichten unangemessen.)

In diese Erzählung sind nun nach und nach die Reden der Freunde und Hiobs Widerreden eingelegt worden, zuletzt noch die eines vierten Freundes, der zunächst gar nicht vorgesehen war (Hiob 32–37). Drei Freunde besuchen ihn, solidarisieren sich in sehr orientalischer Weise mit seiner Trauer, indem sie ihre Kleider zerreißen und sich mit Erde bestreuen – und schweigen sieben Tage und sieben Nächte mit ihm; »denn sie sahen, dass der Schmerz sehr groß war« – etwas sehr Nachahmenswertes; bisweilen ist einfach jeder Trost billig.

Hiob beginnt die Reden mit der Verfluchung des Tages seiner Geburt und der Nacht seiner Zeugung, weil ihm »Gott den Pfad ringsum verdeckt hat« (Hiob 3,23). Die Reden der Freunde folgen allen Mustern weisheitlicher Argumentation, weshalb das Buch zu Recht zur Weisheitsliteratur zählt. Vor Gott ist niemand gerecht, auf lange Sicht findet der Schuldige seine Strafe und der Unschuldige seinen Lohn, er soll seine Sache Gott anheimstellen und seinen wunderbaren Wegen nachsinnen; es ist nicht am Menschen, von Gott Rechenschaft zu fordern. Hiob solle lieber in sich gehen und sich prüfen, ob er nicht doch Unrecht getan habe, und Gott könne außerdem Leid als Prüfung schicken.

Das alles tröstet Hiob in der Radikalität seiner Anklage nicht, »ihr seid Lügentüncher und seid alle unnütze Ärzte. Wollte Gott, dass ihr geschwiegen hättet, so wäret ihr weise geblieben.« (Hiob 13,4 f.)

Addiert man die Anklagen Hiobs, so ist es in der Tat unmöglich, etwas darauf zu erwidern: »Er bringt den Frommen um wie den Gottlosen. Wenn seine Geißel plötzlich tötet, so spottet er über die Verzweiflung der Unschuldigen. Die Erde ist in die Hand des Frevlers gegeben, und das Antlitz ihrer Richter verhüllt er. Wenn nicht er, wer anders sollte es tun?« (Hiob 9,22–24) – »Warum bleiben die Frevler am Leben, werden alt und nehmen zu an Kraft?« (Hiob 21,7) – »Der eine stirbt frisch und gesund in allem Reichtum und voller Genüge, […] der andere aber stirbt mit verbitterter Seele und hat nie vom Glück gekostet.« (21,23 u. 25) – »Aber gehe ich nach Osten, so ist er nicht da; gehe ich nach Westen, so spüre ich ihn nicht. Wirkt er im Norden, so schaue ich ihn nicht; verbirgt er sich im Süden, so sehe ich ihn nicht.« (Hiob 23,8 f.)

Hiob verkündet den verborgenen, den abwesenden Gott: »Er spannt den Norden aus über dem Leeren und hängt die Erde über das Nichts. Er fasst das Wasser zusammen in seine Wolken, und die Wolken zerreißen darunter nicht. Er verhüllt seinen Thron und breitet seine Wolken davor.« (Hiob 26,7–9) Luther beendet seine Vorrede auf Hiob von 1545 mit den Worten: »Dis ist das höhest stück in diesem Buch/Das verstehen alleine die/so auch erfaren und fülen was es sey/Gottes zorn und urteil leiden/ und seine Gnade verborgen sein.«

Letztlich bleiben Hiob zwei Dinge: Er appelliert an Gott gegen Gott (Hiob 16,20 f.; 19,26–27) und bekräftigt mit einem ausführlichen Reinigungseid seine Schuldlosigkeit (31). Gott antwortet in einem Gewitter, einer Theophanie (Hiob 38,1; 40,1) und belehrt den »Haderer« und Tadler (Hiob 33,13) über die kosmischen wie mikrologischen Dimensionen seiner Schöpfung, vom Orion und den Plejaden bis zum Tautropfen, einschließlich der Monstren Behemoth (wohl das Nilpferd) und Leviathan (= Krokodil). Hiobs erste Antwort ist die Ankündigung seines Verstummens (Hiob 39,34 f.), die zweite und letzte gipfelt in dem entscheidenden Bekenntnis: »Ich hatte von dir nur vom Hörensagen vernommen; aber nun hat mein Auge dich gesehen. Darum gebe ich auf und bereue in Staub und Asche.« (Hiob 42,5 f.).

In seiner Ausgangssituation von 2,8, »mitten in der Asche«, gibt er sich also damit zufrieden, Gott geschaut zu haben. Aber da lässt Gott ihn nicht, sondern gibt ihm mehr als zuvor. Dass Gott die Freunde Hiobs abkanzelt, weil sie ihm Unrecht getan hätten, ist wohl auch eine späte Ergänzung, um alles Licht auf Hiob fallen zu lassen. Jedenfalls ist die Geschichte multiperspektivisch zu lesen: Wie in Platons etwa gleichzeitigem *Symposion* »Eros« in den vielfältigen Reden der Teilnehmer umkreist wird, nähert sich das *Buch Hiob* dem Leid aus den verschiedensten weisheitlichen und gläubigen Perspektiven, um es letztlich in der »Schau« eines unendlichen Gottes zu versenken.

So wenig wie die Hebräische Bibel einen ernstzunehmenden Widersacher Gottes verkünden konnte und wollte, so wenig mochte Luther Unglauben und Verstockung allein auf den Menschen zurückführen, sondern lieber auf den ›verborgenen Gott‹, den *deus absconditus,* vor dessen tödlicher Unzugänglichkeit der Mensch sich nur an den vor allem in den Worten und Taten Christi offenbarten *deus revelatus* der Liebe und Vergebung halten kann.

Auch Goethe duldete keinen Widersacher in Gottes Kosmos und schuf so wohl selbst den Spruch, für den man nie eine Quelle gefunden hat: »Nemo contra deum nisi deus ipse« – ›niemand vermag Gott entgegenzutreten außer Gott selbst‹. So treffen sich dann Hiob, Luther und Goethe im Wort des Propheten Jesaja (45,7): »Ich bin der Herr und keiner mehr! Der ich das Licht mache und schaffe die Finsternis, der ich Frieden gebe und schaffe das Übel. Ich bin der Herr, der solches alles tut.«

Das *Buch Hiob* ist mit seinen bohrenden, insistierenden Fragen nach Leid, Schuld und Gottes Gerechtigkeit bis heute eines der berühmtesten Werke der Weltliteratur. Goethe gestaltete nach ihm den »Prolog im Himmel« im *Faust* und entlieh seinen Satan weitestgehend dem *Hiobbuch* und schuf so den Rahmen für Fausts Taten, seine Schuld und sein Scheitern und seine letztliche Erlösung durch die göttliche Liebe.

Joseph Roth hat 1930 in seinem Roman *Hiob* die Geschichte vom leidenden Frommen neu für unsere Tage erzählt.

Das *Hohelied Salomos*

Der Titel *»Hohes« Lied* wurde der Sammlung irgendwann von der Nachwelt verliehen und ist, wie bei Dantes *»Göttlicher« Komödie* oder dem *»Goldenen« Esel* des Apuleius, preisend gemeint, lateinisch heißt es entsprechend das »Lied der Lieder«. Die Anlehnung an Salomo und die Mitteilung im *1. Buch der Könige* (1 Kön 4,12), er habe 1005 Lieder gedichtet, und die Überschrift, dieses sei sein schönstes, haben es letztlich kanonisch werden lassen – innere Gründe hierfür gibt es nicht. Es handelt sich um eine ungeordnete Sammlung hebräischer Liebeslieder, in denen teils ein Mann, teils eine Frau spricht. So sind wir durch Zufall an eine Reihe wunderschöner Texte gekommen, die schlicht Freude machen, ohne weiter der Erläuterung zu bedürfen.

> Siehe, meine Freundin, du bist schön! Siehe, schön bist du! Deine Augen sind wie Tauben hinter deinem Schleier. Dein Haar ist wie eine Herde Ziegen, die herabsteigen vom Gebirge Gilead. Deine Zähne sind wie eine Herde geschorener Schafe, die aus der Schwemme kommen; alle haben sie Zwillinge, und es fehlt keiner unter ihnen. Deine Lippen sind wie eine scharlachfarbene Schnur, und dein Mund ist lieblich. Deine Schläfen sind hinter deinem Schleier wie ei-

ne Scheibe vom Granatapfel. Dein Hals ist wie der Turm Davids, mit Brustwehr gebaut, an der tausend Schilde hangen, alle Köcher der Starken. Deine beiden Brüste sind wie zwei Kitze, Zwillinge einer Gazelle, die unter den Lotosblüten weiden. (Hld 4, 1–5)

Völlig unabsehbar sind die Folgen dieser zufälligen Kanonisierung. Da diese Lieder nun einmal in der Bibel standen, mussten sie heilige Worte sein und wurden schon in der jüdischen Auslegung des Hellenismus allegorisch verstanden und auf die Geschichte Gottes mit Israel und auf das Verhältnis des einzelnen Frommen zu Gott hin ausgelegt. Im Christentum galt dasselbe für das Verhältnis Christi zur Gemeinde und die Beziehung des Einzelnen zu Christus. Daraus entwickelte sich im Grunde die gesamte so überreiche und für die Spiritualisierung des Glaubens überaus wichtige Braut- und Christusmystik, vor allem bei den zahlreichen Mystikerinnen; aber auch die Mariologie und die Ausmalung der Fleischwerdung Christi empfingen hier wesentliche Impulse. Missverständnisse und Irrtümer sind in der Kulturgeschichte meist wichtiger und folgenreicher als banale »Richtigkeiten«.

Der mehrfache Schriftsinn

Mit und an der Textauslegung alter Autoren durch die hellenistische Philologie entwickelte sich nach und nach die immer elaborierter ausgestaltete Lehre vom mehrfachen Schriftsinn: Bereits im Hellenismus kam die Lehre von der allegorischen Lesart älterer Texte auf, etwa gegenüber den griechischen Göttersagen. Der jüdische Denker Philon von Alexandria (* um 20 v. Chr., † nach 40 n. Chr.) wandte sie auf die Hebräische Bibel an, bei der er zwischen dem wörtlichen Sinn als dem »Leib« und einem geistigen Sinn als der »Seele« des Textes unterschied. Paulus deutet ebenfalls alttestamentliche Erzählungen und Gebote allegorisch, etwa die Decke auf dem Gesicht des Mose (2 Mose 34,33) im 2. *Korintherbrief* (2 Kor 3,13), oder wenn er die Tierschutzregel »Du sollst dem Ochsen, der da drischt, nicht das Maul verbinden« (5 Mose 25,4) auf eine angemessene Versorgung der Prediger des Evangeliums durch die Gemeinde hin deutet (1 Kor 9,9 f.).

Der Kirchenvater Origenes (185–254) unterscheidet bereits einen dreifachen Schriftsinn; für ihn hat der Text außer einem »Leib« und einer »Seele« noch einen »Geist«, zum wörtlichen und zum übertragenen Sinn tritt der *sensus anagogicus*, der uns über die Metaphysik und die letzten Dinge belehrt. Im Mittelalter etabliert sich fest die Lehre vom vierfachen Schriftsinn, die in einem Merkvers in Hexametern zusammengefasst wird:

> »Littera gesta docet, quid credas allegoria,
> moralis quid agas, quo tendas anagogia.«

Der wörtliche Sinn belehrt uns über das Faktische, der allegorische über den Glauben und die Kirchenlehre, der moralische Sinn lehrt den Einzelnen, das Rechte zu tun, und der anagogische belehrt uns über Metaphysik und Eschatologie. So bedeutet etwa »Jerusalem« auf der ersten Ebene die konkrete Stadt, auf der zweiten die Kirche, auf der dritten die menschliche Seele und deren Hoffnung, in den Himmel zu kommen, und auf der vierten das am Ende der Tage aus dem Himmel herabfahrende »neue Jerusalem« (Offb 21,2).

Der Humanismus ließ nur noch den wörtlichen Sinn gelten; Luther formulierte entsprechend als hermeneutische (= das Textverständnis leitende) Regel, die Heilige Schrift sei aus sich selbst heraus auszulegen (»sacra scriptura suae ipsius interpres«). Den Einzelschriften des hebräischen wie des christlichen »Testaments« ist das »biblisch« zu Nennende zu entnehmen, dieser Gesamthorizont einer übergreifenden »biblischen« Aussage beider Testamente gab Luther dann wieder die Möglichkeit, in seinen Vorreden zu den Einzelbüchern der Vollbibeln diese theologisch zu werten, etwa den *Psalter* wegen seiner festen Verankerung des Christuszeugnisses, also des »Evangeliums«, bereits im *Alten Testament* über alles zu stellen, während er den *Jakobusbrief* wegen seiner Predigt des »Gesetzes« unter Unterdrückung des »Evangeliums« (s. S. 179) strikt ablehnte.

VII Die Apokalyptik

Apokalypsen bilden einen weit verbreiteten Schrifttyp aus dem zweiten vorchristlichen bis ins zweite nachchristliche Jahrhundert. Der Name rührt daher, dass in diesen Texten eine Decke (gr. *to kalymma*) weg- (gr. *apo*) gezogen wird, die über dem zukünftigen Geschichtsverlauf liegt; inhaltlich sind sie daher »eschatologisch« und beziehen sich auf das *eschaton*, das Ende der Welt. In diesen etwa 150 Jahren vor und nach der »Zeitenwende« findet sich in den unterschiedlichsten Kreisen die Vorstellung, die jetzige Welt, der jetzige Welt-Äon gehe zu Ende und ein radikal neuer breche an. Völlig außerhalb der biblischen Welt begegnet diese Vorstellung an prominentester Stelle etwa in der *Vierten Ekloge* des römischen Dichters Vergil (um 70–19 v. Chr.):

> *Ultima Cumaei venit iam carminis aetas.*
> *Magnus ab integro saeclorum nascitur ordo.*
> *Iam redit et virgo redeunt Saturnia regna,*
> *Iam nova progenies caelo demittitur alto.*
>
> Schon kam das Ziel der Zeit, von dem die Sibylle einst raunte.
> Wiedergeboren beginnt ein neuer Kreis der Äone.
> Schon kehrt die Jungfrau zurück, Saturns Regierung kehrt wieder.
> Schon wird ein neuer Sproß entsandt aus himmlischen Höhen.
>
> (Publius Vergilius Maro, *Ekloge IV*, 4–7. Übersetzung: Harry C. Schnur)

Wegen der Verkündigung einer Jungfrau und eines vom Himmel kommenden Kindes wurde diese Stelle im Mittelalter als »heidnisches« Zeugnis der Sibylle von Cumae auf Maria und Jesus gedeutet. Wie mit Jesus das Paradies wieder geöffnet wird (Lk 23,43), kehrt mit dem hier verheißenen Kind das mit Saturn verbundene Goldene Zeitalter wieder.

Das Augusteische Zeitalter war von vielfältigen Erwartungen eines »Soter«, eines Weltenheiland gekennzeichnet, wie u. a. die eine Zeitlang als Sensation geltenden Funde von Qumran belegen, die uns einen zufälligen Einblick in das Schrifttum dieser Zeit erlauben. Die von 1947 bis 1956 bei Qumran am Toten Meer gefundenen Schriftrollen und Schriftreste sind zum einen seltene Zeugnisse für die Textentwicklung der hebräischen Bibel, da sie erheblich ältere Fassungen in der handschriftlichen Tradierung als die bis dahin bekannten bieten (s. S. 33). Der Hauptgewinn der Funde lag aber sicherlich in dem Einblick, den man durch die bisher unbekannten Schriftkommentare, Hymnen und Segensworte, Weisheitstexte und Gemeinderegeln in die reichbewegte religiöse Zeit um die »Zeitenwende« herum gewann, darunter auch in Formen der Apokalyptik. Neue Einsichten bezüglich Jesu und des *Neuen Testaments* erbrachten sie kaum; Grundlagen für populäre Spekulationen um eine »Verschlusssache Jesus« bieten sie auf gar keinen Fall.

Ob die Schriften überhaupt etwas mit den in der Nähe gemachten archäologischen Ausgrabungen zu tun haben, ist bis heute strittig, zumal deren Befund unklar ist:

> »G. Hagenow (1998) macht darauf aufmerksam, daß jeder in Qumran das findet, was seine Vorbildung vermuten läßt: Die französischen Dominikaner fanden ein Kloster, andere einen Kibbuz, ein Amerikaner eine militärische Festung, der deutsche Qumranforscher H. Stegemann ein Verlagshaus, ein jüdischer Gelehrter ein sadduzäisches Studienzentrum, schließlich ein postmoderner Franzose einen essenischen Tempel.« (Klaus Berger)

So hat die Theorie viel für sich, dass im jüdisch-römischen Krieg eine bedeutende Jerusalemer Bibliothek in die Höhlen ausgelagert worden ist, zu der es niemals eine »Gemeinde« gegeben hat, und schon gar nicht in Qumran.

Ein christliches eschatologisches Datum als Fixpunkt des globalen Kalenders

Da nach der christlichen Lehre das Wirken Jesu, sein Tod und seine Auferstehung als Erfüllung der jüdisch-messianischen Weissagungen von einem Weltenumbruch galten, wie er vom Judentum heute noch als zukünftiges Erscheinen des Messias erwartet wird, hatte das mit der Ausbreitung des Christentums auch praktische Folgen: In der ersten Hälfte des 6. Jahrhunderts errechnete ein Mönch aus den Angaben des *Neuen Testaments* den Zeitpunkt von Jesu Geburt für das Jahr 754 nach der Gründung Roms – *ab urbe condita* –, der herkömmlichen Zeitrechnung des Römischen Reiches. »754 a. u. c.« wurde so zum Jahr

»1 n. Chr.«. Beda Venerabilis hat um 730 als erster Historiker diese Christliche Zeitrechnung systematisch gebraucht. Vom Frankenreich Karls des Großen aus verbreitete sie sich über viele Jahrhunderte hinweg nach und nach weltweit, und die aus der christlichen Apokalyptik erwachsene Vorstellung einer durch Christi Geburt bewirkten Äonenwende wurde letztlich zum Fixpunkt des globalen Kalenders. Das Datum blieb, auch allen Versuchen, neue Kalendarien, wie etwa den Französischen Revolutionskalender, einzuführen zum Trotz, wenn auch zunehmend weltanschaulich neutralere und nur noch selbstreferentielle Bezeichnungen wie »u. Z.« (= unserer Zeitrechnung) in Gebrauch kommen.

»Apokalypsen« als literarische Gattung

In der ziemlich genau umrissenen jüdisch-christlichen Gattung der Apokalypse enthüllt Gott einem Auserwählten seinen für diese Äonen-Crash-Zeit festgelegten Plan, den er selbst nicht mehr ändern kann. Empfänger dieser Enthüllungen ist meist eine der großen Gestalten der Vorzeit, z. B. Abraham oder Mose; für sie lupft Gott die Decke von den »letzten Dingen« und lässt sie Vorzeichen und Vollzug des Untergangs der alten Welt sowie das Heraufscheinen und -kommen des Neuen Äons schauen. Somit werden die Begriffe »Apokalypse« und »apokalyptisch« heute meist doppelt falsch gebraucht: Zum einen bezeichnet man damit das »Weltende« selbst, wie in den Wahnsinnshalluzinationen des Oberst Kurtz in *Apocalypse Now*, während Apokalypse eigentlich die Schrift darüber meint, zum anderen verkürzt man dieses *eschaton* unzulässig, weil mit dem Ende des alten Äons ausnahmslos immer der Anbruch einer neuen, einer besseren Zeit mitgemeint ist.

In den Kanon der Hebräischen Bibel hat es nur das *Buch Daniel* geschafft, in den des *Neuen Testamentes* gelangten nur ein apokalyptisches Buch und zwei apokalyptische Kapitel: die *Offenbarung des Johannes* sowie die Endzeitreden Jesu in *Matthäus* 24 f. und das eschatologische Kapitel am Ende des *1. Korintherbriefes* in Kapitel 15. Der Inhalt bedingt es wohl, dass Apokalypsen im jeweiligen Corpus immer am Ende stehen: Im Tanach stand *Daniel* oft hinter den Chronikbüchern ganz am Ende, in der *LXX* bildet es deren Schluss; Jesus hält seine Endzeitreden am Ende seines Wirkens, unmittelbar vor der Passionsgeschichte, mit dem 15. Kapitel schließt der Brief des Apostels Paulus an die Gemeinde zu Korinth und mit der Johannes-Apokalypse das *Neue Testament* und die gesamte christliche Bibel.

Die Daniel-Apokalypse

Zahllose andere Apokalypsen sind, wenn überhaupt, nur als Apokryphen im Vollsinne überliefert (s. S. 29). Das Buch Daniel hat die Aufnahme in den Kanon durch die Anlehnung des apokalyptischen Teils an eine Gestalt der Vorzeit geschafft, eben Daniel.

In der Anfangszeit des Exils kommt dieser Daniel als eine der Geiseln an den babylonischen Königshof, »junge Leute, die keine Gebrechen hätten, sondern schön, einsichtig, weise und kluger Gestalt wären, begabt für jegliche Wissenschaft, von gutem Verstand und rascher Auffassung, und somit befähigt, als Pagen im königlichen Palast zu dienen« (Dan 1,4), wo sie auch erzogen und unterrichtet werden.

Zu allen diesen Vorzügen ist Daniel auch noch gottesfürchtig und hält sich im Ausland und am königlichen Hof an die jüdischen Speisegesetze. Daniel ist nichts anderes als ein gesteigerter Joseph (s. o. S. 56), der nun statt in Ägypten in Babylon im Exil lebt, nur alles etwas prächtiger, großartiger, plötzlicher. Josephs regelmäßige Erniedrigungen kehren bei Daniel gesteigert wieder im Aufenthalt seiner Kollegen im Feuerofen (Dan 3) und in seiner eigenen Verbringung – bereits als hoher Minister – in die Löwengrube (Dan 6). Entsprechend vollzieht sich auch sein Aufstieg über Traumdeutung: Mit Gottes Hilfe kann er die Träume des Königs Nebukadnezar deuten, schließlich war es ja Gott, der dem Herrscher die Träume geschickt hat. Diese Träume sind dunkler und umfassender, als es die beiden sehr schlichten Träume des Pharao waren. Der erste ist der berühmte von der Statue mit den sprichwörtlich gewordenen »tönernen Füßen«. Daniel deutet ihn auf die Abfolge von vier Weltreichen, denen ein fünftes, ewiges folgt.

Hinsichtlich der Zukunft fällt dabei immer wieder die apokalyptische Grundformulierung schlechthin: *ha dei genesthai* =

›das, was geschehen muss‹, allein in Daniel 2,28 f. dreimal, davon zweimal mit dem präzisierenden Zusatz *ep' eschaton ton hemeron* = ›auf das Ende der Tage‹. Und das Tun Gottes wird dabei *anakalyptein* (›aufdecken‹) genannt. Die Apokalypse des Johannes nennt diesen danielischen Fachterminus in ihrer Überschrift als ihren Inhalt: Offenbarung dessen *ha dei genesthai en tachei* = ›das, was in Bälde geschehen muss‹.

Den nächsten Traum deutet Daniel dann auf das baldige Ende des Königs im Wahnsinn; dessen Nachfolger vermag er das berühmte »Menetekel«, die ›Flammenschrift an der Wand‹ zu deuten; sie lautet: »Gewogen und zu leicht befunden« – man sieht, wie populär apokalyptische Phänomene bis heute sind.

Die apokalyptischen Merkmale der von Daniel gedeuteten Träume haben dazu geführt, dass diesem legendären gottgefälligen Jüngling eigene Visionen zugeschrieben wurden, welche die an die Legenden angehängten Bücher 7 bis 12 bilden, die ihn zum letzten der »großen« Propheten aus dem babylonischen Exil machten.

Grundsätzlich lieben die Apokalypsen – und das gilt auch schon für die des Daniel – das Dunkel, in dem sich bekanntlich gut munkeln lässt. Vieldeutige und dunkle Bilder sollen zu Identifikationen einladen – »das Gesicht von den vier Tieren und dem Menschensohn« (Dan 7), »das Gesicht vom Widder und vom Ziegenbock und dessen Hörnern« (Dan 8). Ähnlich fantastische Tiere begegnen uns auch in der Johannesapokalypse, z. B. in Offb 12; 13; 17. Deutungen können sich zum Teil schon auf die jüngste Vergangenheit beziehen, schließlich werden ja Texte um mehrere hundert Jahre zurückdatiert, um dann immer weiter fortgeschrieben zu werden. Exakte, aber unergiebige Zahlen werden genannt – »1290 Tage – wohl dem, der ausharrt und 1335 Tage erreicht!« (Dan 12,12; vgl. auch das »Tausendjährige Reich« in Offb 20)

Von der Zeit gilt in der Apokalyptik grundsätzlich, dass sie als Zeit der alten Welt irgendwann »voll« ist; alle Wortspiele der Bibel mit »Fülle der Zeit« (Gal 4,4), »erfüllt sein, voll sein« und ihren Synonymen haben fast immer eschatologischen Charakter. Rainer Gruenter hat das Zeitverständnis der Apokalyptiker von einer ihnen eigenen »Raum-Zeit« her anschaulich gemacht:

»Das Johanneische ›Brüder, die Stunde ist nahe‹ gilt nicht in der geschichtlichen Zeit, sondern in der Verkündigungszeit. Die prophetischen Raum-Metaphern ›nah‹ und ›fern‹ für ›bald‹ und ›später‹ entsprechen der räumlichen Struktur der Verkündigungszeit, die sich den Maßen der geschichtlichen Zeit entzieht. Vergangenheit, Gegenwart und Zukunft werden in der Verkündigungszeit zusammengezogen. Wer, wie der Christ, in der Verkündigungszeit lebt, nimmt nicht Teil an einer Zeit, die pure Progression ist, fortschreitende Zeit, welche die philosophische Aufklärung für den Fortschritt, für eine zukünftige Glückseligkeit der Menschheit in Anspruch nimmt.« (»Wenn die Zeichen sich mehren.« In: »Bilder und Zeiten«. Frankfurter Allgemeine Zeitung vom 9. Februar 1991).

In diese Zeit der »Erfüllung« des alten Äons bricht die andere Zeit des neuen Äons gleichsam räumlich ein, und das kann zum Crash des alten mit dem neuen, dem »kommenden« (auch das ein eschatologisches Spezialwort) Äon führen. In der dann entstehenden Knautschzone kann die Zeit sich verändern (Dan 7,25) und regelrecht gestaucht werden (1 Kor 7,29).

Noch nicht bei Daniel, aber in den späteren Apokalypsen ereignen sich beim Zusammenprall sichtbare kosmische Phänomene wie Erdbeben und »Himmelszeichen« als Veränderungen an Sonne, Mond und Sternen (z. B. Lk 21,11 u. 25). Diese Knautschzeiten sind zudem die Zeiten besonderer Bedrängnis, Trauer, Not und Verfolgung für die »Heiligen«. Aber sie sollen sich darüber freuen, weil gerade daran erkennbar wird, dass die Feinde mit dem alten Äon untergehen und der »Heilige Rest« für den neuen bewahrt wird.

Die große visionäre Kraft und die Dunkelheit und Offenheit der Bilder haben zum lang anhaltenden Nachwirken der Apokalyptik geführt. Die vier apokalyptischen Reiter (Offb 6,1–8), das »Buch mit sieben Siegeln« (Offb 5), die in Scharlach gekleidete »Hure Babylon« – engl. »the scarlet woman« – sind bis heute im allgemeinen Sprachgebrauch präsent. Visionen des Johannes wurden auf die Türken bezogen, Jesu »falsche Messiasse« und »falsche Propheten« (Mt 24,5 u. 11) auf das Dritte Reich, und die Mahnung: »Bittet aber, dass eure Flucht nicht geschehe im Winter« (Mt 24,20), schien direkt den vor der Roten Armee fliehenden endlosen Flüchtlingstrecks im extrem kalten Winter 1944/45 zu gelten. In den Fünfzigerjahren wurde die Nuklearenergie ernsthaft als Einlösung eines großen Teils der Apokalyptik gedeutet (z. B. Bernhard Philbert: *Christliche Prophetie und Nuklearenergie*), und sowohl Blochs *Prinzip Hoffnung* wie die Nazi-Begriffe »Drittes« und »Tausendjähriges Reich« (Offb 20,2–4) greifen eschatologische Spekulationen auf, um nur einige beliebig herausgegriffene Beispiele zu nennen.

Günter Grass hat in *Die Rättin* (1986) sowohl die Form als auch die Inhalte der Gattung Apokalypse für die Gestaltung des Endes der menschlichen Welt adaptiert. Während der Ich-Erzähler noch aufklärerische Filmskripte über die jüngste Vergangenheit der Fünfzigerjahre, die Utopie des Feminismus oder das Waldsterben entwirft, schickt ihm eine Ratte Visionen vom Äonenumbruch zu: Die Menschheit geht im selbst ausgelösten nuklearen Inferno unter, nur der Erzähler ist entrückt in eine Raumkapsel und sieht auf einem Bildschirm, wie die Ratten einen neuen und besseren Äon beginnen. Nach menschlicher »Zeit« ist es fünf Minuten vor zwölf, nach apokalyptischer bereits fünf Minuten nach zwölf. Was Jesus bei Lukas (17,20 f.) vom Reich Gottes sagt: »Das Reich Gottes kommt nicht mit äußeren Zeichen; man wird auch nicht sagen: Siehe, hier!, oder: Da! Denn sehet, das Reich Gottes ist mitten unter euch«, gestaltet Grass für den selbstverschuldeten Untergang der Menschheit: Die Vernichtung ist mitten unter euch. Das der *Rättin* ihre Erzählstruktur gebende Neben- und Ineinander von atomarem Holocaust und fortwurstelnder Menschheit, das die Kritik verwirrt hat, ist nichts anderes als Rainer Gruenters »räumliche Struktur der Verkündigungszeit, die sich den Maßen der geschichtlichen Zeit entzieht«.

Blicken wir zurück auf den Reichtum des Ersten Testaments, so will es einem schier den Atem verschlagen. In den Geschichtsbüchern von der Erschaffung der Welt bis zum Untergang des Staates Juda liegt ein gewaltiges Konzept vor uns, ohne das ähnliche Entwürfe bis hin zur marxistischen Geschichtsdeutung nicht denkbar wären. Die Bildkraft der Psalmen und ihre existenzielle Tiefe vermögen uns Heutige auch über zweieinhalbtausend Jahre hinweg immer wieder in ihren Bann zu schlagen, ebenso wie die an den späten Benn erinnernde visionäre Müdigkeit des Predigers. Propheten rufen uns in eine Sozialutopie, die in 2600 Jahren noch nicht eingelöst worden ist, und die ebenso starke wie dunkle visionäre Potenz der Apokalyptik begleitet die westliche Welt nun schon seit 2000 Jahren und hilft immer noch und immer wieder, unsere jeweils gegenwärtigen Zeiten zu deuten.

B
Das Neue Testament

I Die Evangelien

Den zweiten Teil der christlichen Bibel bilden die Schriften des Neuen Bundes. Ihr Kern ist das *euangelion Iesou Christou*, die Frohe Botschaft von Jesus Christus als dem Begründer (*genetivus subiectivus*) und dem Inhalt (*genetivus obiectivus*) eines neu von Gott gestifteten Bundes (s. S. 17) mit seinem Volk Israel, in dem zugleich das Heil für das Universum begründet ist und den der Prophet Jeremia (31,31–34) verkündet hat. Dieses Selbstverständnis zeigt sich bereits mit im Wirken Jesu; die feste Zwölferzahl des engeren Jüngerkreises repräsentiert die Stämme des neuen Israel. Sie ist so unabänderlich und so zentral, dass nach der Judas-Katastrophe eine ergänzende Wahl zur Komplettierung der Zwölf nötig wird (Apg 1,15–26). Drei der vier Evangelien schließen sich mit ihrem Beginn selbstbewusst an den Anfang der *Tora* an: Die ersten Wörter bei Matthäus lauten *biblos geneseos* (= Buch der Genesis), des Markus erstes Wort ist *arche*, und Johannes spielt geradezu mit den Anfangsworten der Genesis: *en arche* = ›im Anfang‹.

Die Erzählungen von Jesu Wirken und die aus seinem Mund überlieferten Worte sind das »Evangelium«, die ›Frohe Botschaft‹ schlechthin, sie sind Gegenstand und Inhalt der frühen christlichen Mission und ihrer (mündlichen) Predigt. Wenn Paulus etwa gegenüber der von ihm gegründeten Gemeinde von Korinth seine einstige mündliche Predigt schriftlich wiederholt, beginnt die Verschriftlichung des Evangeliums. Bei den Kirchenvätern des zweiten Jahrhunderts kann »Evangelium« deshalb bereits als Gegensatz oder Ergänzung zu den Schriften des Alten Bundes stehen und »Propheten und Evangelien« *Altes* und *Neues Testament* bedeuten, d. h. die Jesus als den Christus verkündigenden Briefe des Apostels Paulus sind auch »Evangelium«. Später kann dann die Form für den Inhalt eintreten (»Metonymie«) und »Evangelium« sich zur Spezialbezeichnung für die Sammlungen der Jesus-Worte und -Geschichten wandeln, die als »Evangelium nach« Matthäus, Markus, Lukas und Johannes in den Kanon der Schriften des Neuen Bundes aufgenommen werden. Das Wort »nach« bewahrt dabei die alte Bedeutung von der Frohen Botschaft Jesu Christi, die stets die eine und dieselbe ist und die bei den verschiedenen Sammlern und Aufzeichnern, eben den »Evangelisten«, nur in unterschiedlichem Umfang und divergierenden Wörtern überliefert ist.

Der Kanon des *Neuen Testaments*

Die Bibel Jesu und der Urgemeinde war die hebräische Bibel in einer auf Jesus und Christus bezogenen Auslegungsperspektive. Briefsammlungen des Paulus entstanden bereits früh, z. T. schon zu seinen Lebzeiten. Die Entstehung einer eigenen heiligen Schriftensammlung des Neuen Bundes beginnt im zweiten Jahrhundert. Der Häretiker Marcion stellt um 144 einen eigenen Kanon aus einem verkürzten *Lukasevangelium* und verkürzten Paulusbriefen auf und könnte damit im Gegenzug die Bildung eines kirchlichen Kanons beschleunigt haben. Um diese Zeit bemüht sich Tatian, eine Evangelienharmonie aus den vier heutigen Evangelien zu schaffen, die demnach bekannt und anerkannt waren – das *Johannesevangelium* war am längsten umstritten. Am Ende des zweiten Jahrhunderts finden wir den ersten förmlichen Kanon, das »Muratorische Fragment«, der die vier Evangelien, die *Apostelgeschichte*, 13 Paulusbriefe, zwei Johannesbriefe, den *Judasbrief* und die *Offenbarung* kennt und eine Petrusapokalypse als umstritten anführt. Kriterium ist die Herkunft der Schriften von einem Apostel.

Der Kirchenvater Origenes nennt als umstritten *2. Petrus, 2.3. Johannes, Jakobus* und *Judas*, hat persönliche Bedenken gegen die allgemein anerkannte *Offenbarung* und bezweifelt die Verfasserschaft des Paulus für den *Hebräerbrief*. Entschieden wurde schließlich autoritativ: Athanasius, Metropolit von Alexandrien, legte 367 das *Neue Testament* in seinem heutigen Umfang von 27 Schriften fest; Augustinus und eine afrikanische Synode schlossen sich ihm an, und 405 nannte auch Papst Innozenz I. auf eine Anfrage hin diesen Kanon als verbindlich.

Wenn diese überlieferten Jesus-Worte und die in den Evangelien von ihm erzählten Geschichten auch in ihrer Mehrzahl auf die Zeit des historischen Jesus zurückgehen, so ist ihre schriftliche Fixierung durch die vier Evangelisten allerdings mehr als eine Generation später anzusetzen (s. u. S. 160). In diese erste Generation nach Christus fällt jedoch das gesamte Wirken des Apostels Paulus; seine Briefe sind die ältesten schriftlich überlieferten Dokumente des *Neuen Testaments*.

Zeugnisse für das Leben des Apostels finden sich in seinen Briefen und in der *Apostelgeschichte* des Lukas, bei der die Zuverlässigkeit der bisweilen aus theologischem Interesse korrigierten inneren wie äußeren Chronologie allerdings in jedem Einzelfall überprüft werden muss.

Paulus wurde in der Mitte des ersten Jahrzehnts n. Chr. in Tarsus, der Hauptstadt Kilikiens in Kleinasien, geboren. Seine Familie führte ihren Ursprung auf den Stamm Benjamin zurück; er wurde nach deren prominentestem Spross, dem ersten israelitischen König Saul, benannt. Mit großer Wahrscheinlichkeit besaß seine Familie das römische Bürgerrecht. Wie in solchen Fällen üblich legten die Juden sich einen zweiten Namen zu, der dem eigenen möglichst ähnlich klang, aber auf Nichtjuden vertraut und unanstößig wirkte, in unserem Fall den römischen Namen Paulus. Die sprichwörtliche Redensart »von einem Saulus zum Paulus werden« bringt diese Namensdoppelung zu Unrecht mit seiner Bekehrung vor Damaskus zusammen.

Paulus wuchs in der hellenistischen Stadtkultur zweisprachig auf – Griechisch, Aramäisch – und beherrschte wohl auch die Grundlagen des Lateinischen; seine Bibel war die *LXX* (s. S. 30). Von Beruf war er Zeltmacher, was ihn sozial nicht deklassiert, wie es dem heutigen Blick vielleicht erscheinen mag. Im Hellenismus gehörte es zu der für die stoisch-kynische Lehre zentralen Freiheit hinzu, dass es den Weisen unabhängig macht, wenn er von der eigenen Hände Arbeit leben kann, was Paulus in seinen Briefen wiederholt stolz betont.

Geistig hat er sich früh der pharisäischen Bewegung angeschlossen und in Jerusalem beim renommierten Rabbi Gamaliel studiert. Die Pharisäer waren eine innerjüdische Bewegung, deren Ursprung im zweiten vorchristlichen Jahrhundert liegt und deren Ziel eine möglichst genaue Einhaltung des Sabbats und der Speise- und Reinheitsgebote war, die durch Überlieferung noch weit über die *Tora* hinaus kasuistisch, d. h. in einer Fülle von Vorschriften für den Einzelfall, geregelt wurden.

Dieser »Eifer« für die *Tora* lag auch seiner Verfolgung der frühen christlichen Gemeinden zugrunde, die er in Gal 1,11–14 eingesteht, bis ihm vor Damaskus der Auferstandene erschien und ihn zum Apostel berief. Paulus war es wichtig, dass es sich dabei nicht um eine Vision des erhöhten Christus, sondern um eine – wenn auch verspätete – Erscheinung des Auferstandenen handelte, wie sie den anderen Aposteln auch zuteil geworden war (1 Kor 15,8). Mit ihr legitimierte er seine anschließende Missionstätigkeit.

Die Erwähnung des Statthalters von Achaea, Gallio, eines Bruders Senecas, in Apg 28,12, wo Paulus in Korinth vor ihn geladen wird, erlaubt eine Datierung seines Wirkens, da Gallios Amtszeit durch eine Inschrift belegt ist. Im Jahr 51/52 müssen sich Statthalter und Apostel begegnet sein, sodass die aus Briefen und *Apostelgeschichte* zu gewinnende relative Chronologie zur absoluten werden kann:

27/28	Beginn des Wirkens Johannes des Täufers und Jesu
30	Tod Jesu
33	Bekehrung des Paulus
50	*1. Thessalonicherbrief*
51/52	Auftritt vor Gallio in Korinth
55 (oder 54)	*1. Korintherbrief*, wohl Spätherbst
55	*2. Korintherbrief, Galaterbrief*
56	*Römerbrief*
59	Ankunft in Rom
60	*Philipperbrief*
61	*Philemonbrief*
65	Tod des Paulus

Das »Ur-Evangelium« bei Paulus

Wenn nun gerade Paulus bestimmte Stellen seiner Schreiben durch die rabbinische Schulformel »weitergeben, was man empfangen hat« als traditionelle Überlieferungen, als ihm selbst bereits tradiertes Gut herausstellt oder sie als solche klar zu erkennen sind, liegt uns hier ältestes Traditionsgut vor, das bis in die erste Zeit nach Jesu Tod zurückreicht. In 1 Kor 11,23–26 heißt es so:

> Denn ich habe von dem Herrn empfangen, was ich euch weitergegeben habe: Der Herr Jesus, in der Nacht, da er verraten ward, nahm er das Brot, dankte und brach's und sprach: Das ist mein Leib für euch; das tut zu meinem Gedächtnis. Desgleichen nahm er auch den Kelch nach dem Mahl und sprach: Dieser Kelch ist der neue Bund in meinem Blut; das tut, sooft ihr daraus trinkt, zu meinem Gedächtnis. Denn sooft ihr von diesem Brot esst und von dem Kelch trinkt, verkündigt ihr den Tod des Herrn, bis er kommt.

Ebenso heißt es 1 Kor 15,3–8, 11:

> Denn als Erstes habe ich euch weitergegeben, was ich auch empfangen habe: Dass Christus gestorben ist für unsre Sünden nach der Schrift; und dass er begraben worden ist; und dass er auferweckt worden ist am dritten Tage nach der Schrift; und dass er gesehen worden ist von Kephas, danach von den Zwölfen. Danach ist er gesehen worden von mehr als fünfhundert Brüdern auf einmal, von denen die meisten noch heute leben, einige aber sind entschlafen. Danach ist er gesehen worden von Jakobus, danach von allen Aposteln. Zuletzt von allen ist er auch von mir als einer unzeitigen Geburt gesehen worden. So predigen wir, und so habt ihr geglaubt.

Als weiteres überliefertes Gut, das Paulus fertig formuliert vorfindet, kann man noch den sogenannten »Christushymnus« aus Phil 2,6–11 hinzunehmen. Er ist zwar nicht so eindeutig wie die Abendmahls- und die Auferstehungsüberlieferung in die Zeit von Paulus' eigener Unterweisung durch die frühe Gemeinde nach seiner Bekehrung, mithin vor 33, zu datieren, gehört aber als vorpaulinisch ebenfalls zur Tradition der allerersten Christen:

> Er, der in göttlicher Gestalt war, hielt es nicht für einen Raub, Gott gleich zu sein, sondern entäußerte sich selbst und nahm Knechtsgestalt an, ward den Menschen gleich und der Erscheinung nach als Mensch erkannt. Er erniedrigte sich selbst und ward gehorsam bis zum Tode, ja zum Tode am Kreuz. Darum hat ihn auch Gott erhöht und hat ihm den Namen gegeben, der über alle Namen ist, dass in dem Namen Jesu sich beugen sollen aller derer Knie, die im Himmel und auf Erden und unter der Erde sind, und alle Zungen beken-

> nen sollen, dass Jesus Christus der Herr ist, zur Ehre Gottes, des Vaters.

In diesem Traditionsgut, das Paulus etwa 33 bei seiner Katechese in Damaskus (Apg 9) »empfangen« oder das er sonst bei seinem späteren Wirken als Gemeindegut überliefert vorgefunden hat, ist das Evangelium als Passionsgeschichte in nuce enthalten: Nach einem gemeinsamen Mahl mit den Jüngern, in dem Jesus schon von seinem bevorstehenden Tod weiß, und wohl auch nach einem verräterischen Akt – das griechische Wort kann auch schlicht seine Auslieferung (an die Feinde) meinen – stirbt er um unseretwillen am Kreuz, bleibt aber nicht im Tode, sondern zeigt sich danach unterschiedlichen Personen aus dem Jüngerkreis, darunter als Letztem dem Christenverfolger Paulus selbst.

Eingebettet ist diese irdische Geschichte nahezu von Anfang an in ein kosmisches Geschehen: Der Gott gleiche Christus hält nicht an seiner Göttlichkeit (wie an einer errungenen Beute) fest, sondern legt sie ab und nimmt unsere Sklavengestalt an, stirbt wie wir, ja sogar besonders schmachvoll am Kreuz, weshalb Gott ihn erhöht und zum Herrn, zum Kyrios – ein Kaisertitel! – des Kosmos einsetzt, vor dem sich alle zur Ehre Gottes niederwerfen müssen.

Die Emmausjünger

Den Hintergrund dieser frühen, z. T. in den ersten drei Jahren nach Jesu Tod erfolgenden theologischen Deutungen der Gestalt Jesu, seines Todes und seiner Auferstehung illustriert eine Geschichte aus dem Sondergut des Lukas, d. h. eine nur von diesem Evangelisten überlieferte Geschichte (Lk 24,13–33). Sie spielt in den Tagen nach der Kreuzigung.

> Und siehe, zwei von ihnen gingen an demselben Tage in ein Dorf, das war von Jerusalem etwa sechzig Stadien entfernt; dessen Name ist Emmaus. Und sie redeten miteinander von allen diesen Geschichten. Und es geschah, als sie so redeten und einander fragten, da nahte sich Jesus selbst und ging mit ihnen. Aber ihre Augen wurden gehalten, dass sie ihn nicht erkannten. Er sprach aber zu ihnen: Was sind das für Dinge, die ihr miteinander verhandelt unterwegs? Da

blieben sie traurig stehen. Und der eine, mit Namen Kleopas, antwortete und sprach zu ihm: Bist du der Einzige unter den Fremden in Jerusalem, der nicht weiß, was in diesen Tagen dort geschehen ist? Und er sprach zu ihnen: Was denn? Sie aber sprachen zu ihm: Das mit Jesus von Nazareth, der ein Prophet war, mächtig in Tat und Wort vor Gott und allem Volk; wie ihn unsre Hohenpriester und Oberen zur Todesstrafe überantwortet und gekreuzigt haben. Wir aber hofften, er sei es, der Israel erlösen werde. Und über das alles ist heute der dritte Tag, dass dies geschehen ist. Auch haben uns erschreckt einige Frauen aus unserer Mitte, die sind früh bei dem Grab gewesen, haben seinen Leib nicht gefunden, kommen und sagen, sie haben eine Erscheinung von Engeln gesehen, die sagen, er lebe. Und einige von denen, die mit uns waren, gingen hin zum Grab und fanden's so, wie die Frauen sagten; aber ihn sahen sie nicht.
Und er sprach zu ihnen: O ihr Toren, zu trägen Herzens, all dem zu glauben, was die Propheten geredet haben! Musste nicht der Christus dies erleiden und in seine Herrlichkeit eingehen? Und er fing an bei Mose und allen Propheten und legte ihnen aus, was in allen Schriften von ihm gesagt war. Und sie kamen nahe an das Dorf, wo sie hingingen. Und er stellte sich, als wollte er weitergehen. Und sie nötigten ihn und sprachen: Bleibe bei uns; denn es will Abend werden, und der Tag hat sich geneigt. Und er ging hinein, bei ihnen zu bleiben. Und es geschah, als er mit ihnen zu Tisch saß, nahm er das Brot, dankte, brach's und gab's ihnen. Da wurden ihre Augen geöffnet, und sie erkannten ihn. Und er verschwand vor ihnen. Und sie sprachen untereinander: Brannte nicht unser Herz in uns, da er mit uns redete auf dem Wege und uns die Schrift öffnete? Und sie standen auf zu derselben Stunde, kehrten zurück nach Jerusalem und fanden die Elf versammelt und die bei ihnen waren; die sprachen: Der Herr ist wahrhaftig auferstanden und dem Simon erschienen. Und sie erzählten ihnen, was auf dem Wege geschehen war und wie er von ihnen erkannt wurde, da er das Brot brach.

Verhaftung und Tod Jesu wurden von seinen Jüngern als Katastrophe empfunden, die bei ihnen eine »Rette sich, wer kann«-Stimmung ausbrechen ließ: Ein Jüngling flieht bei Jesu Kreuzigung lieber nackt – in Israel ein ungeheures Tabu –, ehe er in die Sache mit hineingezogen wird (Mk 15,50–52), und Petrus verleugnet seinen Herrn aus demselben Grund sogar dreimal (Mt 26,58–75). Berichte über Erscheinungen des Auferstandenen in Galiläa sprechen sogar dafür, dass ein Teil der Jünger bis in ihre Heimat geflohen ist (Mk 14,28; 16,7; Joh 21,1–13).

Erst Erscheinungen des Auferstandenen kehren – wie bei den Emmausjüngern – die Fluchtrichtung um und sammeln die Jünger wieder in Jerusalem, wo die Geschichte der Urgemeinde beginnt. Seitdem der schändliche Kreuzestod des von ihnen als Prophet und Meister verehrten Wander- und Wunderrabbis Jesus in seiner Auferstehung aufgehoben erscheint, gilt es, eben diesen Tod anders zu deuten als ein vollständiges Scheitern, wie es noch die Emmausjünger in ihren Gesprächen tun.

Ihnen gegenüber ist es Jesus selbst, der seinen Kreuzestod aus den Leidenstraditionen des *Alten Testaments* ableitet und deutet, wie sie in Josephs Erniedrigung und Erhöhung (s. S. 56), bei den Propheten und vor allem in den Gottesknechts-Liedern des Jesaja (s. S. 97) oder in den Leidenspsalmen begegnen. In diesem Sinne betet Jesus bei Markus und Matthäus am Kreuz den 22. Psalm, der vom äußersten Leiden des sich von Gott verlassen Fühlenden zum Gotteslob führt (Mk 25,34; Mt 27,46). Das ist auch der Sinn der zweimaligen paulinischen Formel, Jesus sei »nach der Schrift« gestorben und auferstanden (1 Kor 15,3 f.), bei den Emmausjüngern ist es geradezu das eschatologische *dei* der alttestamentlichen Apokalyptik (Lk 24,26; s. S. 132), in dem Jesu Leidensplan festgelegt war. Die Urgemeinde sah Jesu Wirken in bruchloser Kontinuität zur hebräischen »Heiligen« Schrift, *Tora* wie Tanit, die Jesu Sendung so im hegelschen dreifachen Sinne »aufgehoben« hat – 1) außer Kraft gesetzt, weil 2) zugleich dabei auf eine höhere Stufe gehoben und 3) auf dieser Stufe erhalten und konserviert.

Belehrt durch die Auferstehung, ist es die große theologische Leistung der Urgemeinde, das Leben, die Taten und die Worte des von seinen Jüngern und von Zeugen erinnerten Jesus von seinem Ende in Tod und Auferstehung her zu deuten und dabei die Linien, die Jesus selbst immer wieder zur *Tora* und den Propheten gezogen hat, nachzuziehen und den irdischen Lehrer und Wundermann mit dem Gekreuzigten und beide wieder mit dem Auferstandenen und dies alles mit den Heilserwartungen und Heilszusagen der jüdischen Bibel in eins zu sehen; es entstehen Sammlungen, so etwa die vermuteten »Testimonienbücher« mit Bezügen zum *Alten Testament* (s. S. 162), von Jesu Worten, Taten und Wundern, die zu den Evangelien führen. Deshalb wurde der hebräischen Bibel in diesem Buch so viel Raum gewährt, um die »hochgespannten Leitungen« nach Gottfried

Benns Definition von »Tradition« zu berühren und in Jesu Leben und Lehre weiterzuführen.

Die Leben-Jesu-Forschung

Seit der Aufklärung, beginnend mit Lessings anonymer fragmentarischer Edition radikal bibelkritischer Schriften aus dem Nachlass des Hamburger Philologen Hermann Samuel Reimarus (1694–1768), hat man sich im Liberalismus bemüht, ein nicht vom »Mythos« oder von der »Theologie« überzeichnetes Jesus-Bild zu gewinnen, ein »Leben Jesu« ohne Überhöhung als Christus (= Messias) oder Sohn Gottes zu schreiben. Man hoffte so, ein Jesusbild zu gewinnen, von dem man die späteren mythischen Übermalungen gleichsam abgewaschen hatte und so gemäß der Ideologie des 19. Jahrhunderts aus Jesus einen großen Menschen, einen Heroen des Humanismus zu machen. Albert Schweitzer hat 1906 in seiner *Geschichte der Leben-Jesu-Forschung. Von Reimarus zu Wrede* eindrucksvoll die Summe dieses Scheiterns gezogen.

Wir wissen inzwischen, dass die Prämissen dieser Forschungsrichtung nicht stimmen und die Evangelien, von vornherein als Glaubenszeugnisse nach der Auferstehung gesammelt, als biografische Dokumente untauglich sind. Lediglich die kanonische Anordnung dieser Erzählsammlungen im *Neuen Testament*, die sie von jeher vor die Briefe des Paulus stellt, führte zu der irrigen Auffassung, es gäbe einen historisch diesseitigen Jesus, den die spekulative Rabbulistik des ehemaligen Pharisäers Saulus-Paulus, der Jesus nie »im Fleische« begegnet war, im Nachhinein zum jenseitigen Christus verzeichnet und verklärt und somit regelrecht verfälscht habe, während Paulus in Wirklichkeit der bei Weitem älteste Zeuge für Jesus den Christus ist. Das berühmteste Werk dieser Art von weltweiter Verbreitung und Bedeutung innerhalb des Christentums war Ernest Renans *La Vie de Jésus* (1863), das Oscar Wilde einmal das »fünfte Evangelium, das nach dem heiligen Zweifler Thomas«, genannt hat.

»Ur«- oder »Deutero-Markus« und die Entstehung der synoptischen Evangelien

Man hat die Evangelien zu Recht als Passionsgeschichten mit verlängerter Vorgeschichte bezeichnet. In der Tat ist der evangelische Bericht von der Passion sowohl bei Markus, Matthäus und Lukas als auch bei dem im übrigen Erzähl- und Redenstoff meist divergierenden Johannes von so großer Homogenität, das man im Passionsgeschehen mit Recht den frühen Kern jeglichen Erzählens vom Wirken Jesu ausmachen kann.

Die mit der Aufklärung einsetzende Bibelkritik führte auch zur wissenschaftlichen Bearbeitung der Frage nach dem Verhältnis der Evangelien untereinander. Der seit 1775 in Jena lehrende Neutestamentler Johann Jakob Griesbach schuf zur Klärung des Verhältnisses der schon immer als eng verwandt geltenden *Evangelien des Matthäus, Markus* und des *Lukas* das Instrument der »Synopse«. In ihr werden die Parallelstellen in diesen Evangelien jeweils parallel in drei Spalten abgedruckt, wobei jedes Evangelium einmal vollständig in seiner Chronologie angeführt, ansonsten aber in die jeweils parallelen Abschnitte (= Perikopen) verzettelt wird. Dieses Verfahren erwies sich als das schlechthin entscheidende zur Erforschung der von Griesbach sogenannten drei »Synoptiker«, wenn auch sein eigener Lösungsvorschlag, nach dem Markus die ihm bekannten Werke von Matthäus und Lukas benutzt habe, sich nicht durchgesetzt hat.

Das sorgfältige Studium der Paralleldrucke ergab dagegen, dass fast das gesamte *Markusevangelium* sowohl von Matthäus als auch von Lukas so benutzt worden ist, dass man es fast vollständig aus den Übereinstimmungen der beiden rekonstruieren könnte. Auslassungen beider oder auch nur eines der Evangelisten führten zu einer Modifizierung, nach der es nicht das heutige und auch nicht dasselbe *Markusevangelium* gewesen ist, das den Kollegen vorlag. Nahm man früher einen »Ur-Markus« an, der sich nach der Benutzung durch die anderen Synoptiker noch weiterentwickelt hat, so hat die Herausarbeitung zahlloser kleiner unbedeutender Gemeinsamkeiten, etwa in Partikeln, in der jüngeren Vergangenheit zu der Theorie geführt, der zufolge Lukas und Matthäus wohl einen weiterentwickelten Markus-Text benutzt haben, der danach verlorengegangen ist, also keinen Ur-Markus, sondern einen späteren Deutero-Markus.

Die Logien-Quelle »Q«

Neben den Übereinstimmungen zwischen den drei Evangelien, die sich nicht nur auf einzelne Perikopen, sondern auch auf den Erzählaufriss beziehen, stimmen Matthäus und Lukas in zahlreichen Jesus-Worten überein, und zwar so wörtlich, dass es sich um eine beiden schriftlich vorliegende Sammlung im Umfang von ca. 4000 Wörtern gehandelt haben muss, der man den Notnamen »Q« für »Logienquelle« gegeben hat (*Logion* = griech. ›Ausspruch‹).

In den Jahren 1989 bis 1996 erarbeiteten 47 Wissenschaftler in Nordamerika und Europa unter Federführung von James M. Robinson und John S. Kloppenborg Verbin eine griechische Textrekonstruktion von Q. Sie ist seit 2002 in einer Studienausgabe Griechisch/Deutsch mit dem Titel *Die Spruchquelle Q* leicht zugänglich.

Die Logienquelle enthält überwiegend Redenstoff und nur wenige Erzählungen, so die von der Versuchung Jesu (Mt 4,1–11/Lk 4,1–13) oder den Komplex zu Johannes dem Täufer (Mt 11,2–11/Lk 7,18–28), und nur eine Wundergeschichte, die vom Hauptmann von Kafarnaum (Mt 8,5–10.13/Lk 7,6b–10). Bei allen Unterschieden zu den späteren Evangelien ist der Stoff ähnlich angeordnet und führt von Johannes dem Täufer über die Versuchung Jesu zur Belehrung über die Endzeitereignisse. Da jede Anspielung auf die Eroberung Jerusalems und die Zerstörung des Tempels fehlt, ist Q vor 70 entstanden; hypothetisch wird eine Entstehung zwischen 40 und 50 n. Chr. angesetzt. Die Annahme einer aramäischen Urfassung wird heute verworfen; auch wenn die Logien auf aramäische Jesus-Worte zurückgehen, wurde Q bei der durchgehenden Zweisprachigkeit Palästinas im ersten Jahrhundert n. Chr. von Anfang an auf Griechisch abgefasst.

Der spätberufene evangelische Pfarrer Günther Schwarz – ohne eigentliches universitäres Theologiestudium – ging von einer aramäischen Urfassung aus und hat diese durch eine hypothetische Rückübersetzung von Jesusworten aus dem für uns allein greifbaren Griechisch des *Neuen Testaments* ins von ihm vermutete Aramäisch Jesu und seiner Jünger zu rekonstruieren versucht. Diese von ihm erstellte »Original«-Fassung übersetzte er dann bearbeitet und gedeutet ins Deutsche und machte dieses doppelte Konstrukt dann zur Grundlage eines angeblich umstürzend neuen Jesusbildes, der eine Frohbotschaft der Liebe gepredigt habe, die die Kirchen dann in eine Drohbotschaft verfälscht hätten. Schwarz verdiente keine Erwähnung, hätte der eine Zeitlang äußerst populäre Journalist Franz Alt nicht seine Thesen zur Grundlage von Büchern wie *Jesus – der erste neue Mann* (München 1989), 1990 auf Platz eins der Spiegel-Bestsellerliste, oder *Was Jesus wirklich gesagt hat – Eine Auferweckung* (3. Auflage (!), Gütersloher Verlagshaus 2015) sowie zahlloser Artikel gemacht, zuletzt in einer »Neujahrspredigt« in Nr. 2 der *Zeit* von 2019: *Frohbotschaft statt Drohbotschaft. Wenn die Kirche des Westens wieder lebendig werden will, muss sie auf die Urworte ihres Heilands hören – und der sprach Aramäisch. Eine Neujahrspredigt.*

Von den späteren Evangelien unterscheidet sich Q darin, dass in ihr geradezu komplementär die »Ursammlung« der Erzählungen von Passion und Auferstehung als Kern des christlichen Narrativs fehlt, weshalb man sie als »Halbevangelium« oder als »Testament« bezeichnet hat. Ostern ist jedoch implizit mitgedacht; erst die Tatsache der Auferstehung ermutigt zur Fortführung und wohl auch geistinspirierten Fortschreibung einer Sammlung von Worten des historischen Jesus und des erhöhten Christus.

> »Es liegt hier eine spezifische, neuartig redigierende Gattung vor, die vom ›Kommen‹ Jesu, seinem ›Geschick‹ und von seinem Epiphanwerden [= göttlichem Erscheinen – V. N.] im Wort (vom Reich Gottes) und am Ende von seiner Parusie [Erscheinen in Herrlichkeit – V. N.] berichtet und die – weil uns Q verlorenging – in der Tradition keinen sachgerechten Namen fand, die aber im Gegenüber zur und neben der Passionsgeschichte das zweite Bauelement der Gattung ›Evangelium‹ wurde.« (H. Schürmann)

Die im Sammlungsprozess immer mehr zum Leben Jesu bis zu seiner Kindheit hin – bei Matthäus, Lukas – erweiterten Passions- und Auferstehungsgeschichten wurden durch ihre Aufnahme der Logien aus Q, die etwa Matthäus die Komposition ganzer Reden ermöglichte, zu der Gattung, die wir als ›Evangelium‹ kennen.

Der Inhalt und das Ethos der in Q überlieferten Sprüche lassen Rückschlüsse auf die sozialen Gruppen zu, die Q gesammelt und tradiert haben. Sprüche wie Q 9,57–60 – »Und einer sagte ihm: Ich will dir folgen, wohin du auch gehst. Und Jesus sagte ihm: Die Füchse haben Höhlen und die Vögel des Himmels Nester, der Menschensohn aber hat nichts, wohin er seinen Kopf legen kann. Ein anderer aber sagte ihm: Herr, gestatte mir, zuvor fortzugehen und meinen Vater zu begraben. Er aber sagte ihm: Folge mir, und lass die Toten ihre Toten begraben« – verkünden ein Ethos der radikalen Besitz- und Heimatlosigkeit sowie eine Auflösung traditioneller Familienbande, wie sie in der Zeit bei Stoikern und Kynikern, aber auch beim Apostel Paulus zum Beispiel keineswegs ungewöhnlich waren.

Andere Logien setzen Besitz voraus, den man willig teilen soll (Lk 6,30; 14,15–24); vermutlich waren die sesshaften Besitzenden das soziale Substrat der besitzlos Umherwandernden, beide Gruppen waren die Träger der der unverfälschten Lehre, der rechten Lebensführung und der Mission dienenden Sammlung Q.

Die Formgeschichte der Jesusüberlieferung

Der große Neutestamentler Rudolf Bultmann (1884–1976) hat den gesamten Überlieferungsbestand von Jesus bei den Synoptikern nach den Kriterien ihrer literarischen Gestaltung (= Morphologie) gesichtet und geordnet (*Die Geschichte der synoptischen Tradition*, 1921). Grundsätzlich unterscheidet er dabei zwischen Erzählungsstoff und Redestoff, zu dem alles zählt, was als Ausspruch Jesu überliefert ist. Die aus der gesamten Antike von Denkern oder Helden bekannte Gattung der »Apophthegmata«, bei denen eine kurze Erzählung in einen für einen Philosophen typischen Ausspruch mündet, zählt Bultmann ebenfalls zum Redestoff.

Bei den Erzählungen von Jesus unterscheidet er zwischen Wundergeschichten und Geschichtserzählungen und Legenden. Die Wundergeschichten wiederum zerfallen in die Heilungs- und die Naturwunder. Ein typisches Heilungswunder etwa findet sich gleich zu Beginn des *Markusevangeliums*:

> Und sie gingen hinein nach Kapernaum; und alsbald am Sabbat ging er in die Synagoge und lehrte. Und sie entsetzten sich über seine Lehre; denn er lehrte sie mit Vollmacht und nicht wie die Schriftgelehrten. Und alsbald war in ihrer Synagoge ein Mensch, besessen von einem unreinen Geist; der schrie: Was haben wir mit dir zu schaffen,

> Jesus von Nazareth? Bist du gekommen, uns zu vernichten? Ich weiß, wer du bist: der Heilige Gottes! Und Jesus bedrohte ihn und sprach: Verstumme und fahre aus von ihm! Und der unreine Geist riss ihn hin und her und schrie laut und fuhr aus von ihm. Und sie entsetzten sich alle, sodass sie sich untereinander befragten und sprachen: Was ist das? Eine neue Lehre in Vollmacht! Er gebietet auch den unreinen Geistern, und sie gehorchen ihm! Und die Kunde von ihm erscholl alsbald überall in das ganze Land um Galiläa. (Mk 1,23–28)

Der Aufbau solcher Geschichten folgt unverbrüchlich einem festen Schema: 1) Die Situation des Kranken wird geschildert. 2) Der Dämon erkennt seinen Beschwörer. 3) Dem Dämon wird befohlen, den Kranken zu verlassen. 5) Die Wirkung zeigt sich am Kranken. 6) Die Wirkung auf die Zuschauer wird geschildert in einem sogenannten »Chorschluss« (M. Dibelius). Die Naturwunder weisen dasselbe Schema auf. Im Gegensatz zu anderen Wundermännern der Antike sind von Jesus nur Hilfs- und Heilungswunder überliefert, keine Schau- oder Strafwunder. Bei der dieser Feststellung scheinbar widersprechenden Verfluchung des Feigenbaums Mk 11,12–14; 20 f. handelt es sich um eine Zeichenhandlung in prophetischer Tradition (s. S. 94): So ergeht es dem, der keine Frucht trägt.
Beispiel eines Naturwunders ist die folgende Erzählung:

> Und am Abend desselben Tages sprach er zu ihnen: Lasst uns ans andre Ufer fahren. Und sie ließen das Volk gehen und nahmen ihn mit, wie er im Boot war, und es waren noch andere Boote bei ihm. Und es erhob sich ein großer Windwirbel, und die Wellen schlugen in das Boot, sodass das Boot schon voll wurde. Und er war hinten im Boot und schlief auf einem Kissen. Und sie weckten ihn auf und sprachen zu ihm: Meister, fragst du nichts danach, dass wir umkommen? Und er stand auf und bedrohte den Wind und sprach zu dem Meer: Schweig! Verstumme! Und der Wind legte sich und es ward eine große Stille. Und er sprach zu ihnen: Was seid ihr so furchtsam? Habt ihr noch keinen Glauben? Und sie fürchteten sich sehr und sprachen untereinander: Wer ist der, dass ihm Wind und Meer gehorsam sind! (Mk 4,35–41)

Geschichtserzählungen und Legenden unterscheiden sich durch den Einbruch des Übernatürlichen in Legenden wie der Verkündigung an Maria (Lk 1, 26–38), an die Hirten (Lk 2,8–14), der Versuchung Jesu (Mk 1,12 f.) oder der Verklärung Jesu (Mk 9, 2–10), während die Erzählungen von der Bethlehemreise (Lk 2,1–7) oder die Passions- und Osterberichte ohne Elemente des Übernatürlichen auskommen.

Den Redestoff unterteilt Bultmann in Apophthegmata, Sprüche und Gleichnisse. Auch eine Heilungsgeschichte wie Mk 3, 1–6 (»Die Heilung am Sabbat«) rechnet er zu den Apophthegmata, da der Zielpunkt (= Skopus) der Geschichte nicht das Wunder, sondern Jesu Neubewertung des Sabbats ist. Eins der berühmtesten Apophthegmata findet sich Mk 10,13–16:

> Und sie brachten Kinder zu ihm, damit er sie anrühre. Die Jünger aber fuhren sie an. Als es aber Jesus sah, wurde er unwillig und sprach zu ihnen: Lasset die Kinder zu mir kommen und wehret ihnen nicht, denn solchen gehört das Reich Gottes. Wahrlich, ich sage euch: Wer das Reich Gottes nicht empfängt wie ein Kind, der wird nicht hineinkommen. Und er herzte sie und legte die Hände auf sie und segnete sie.

Einen Verwandten des Apophthegmas sieht Bultmann im aus Frage und Gegenfrage und Entscheidung bestehenden rabbinischen Schulgespräch:

> Und sie sandten zu ihm einige von den Pharisäern und von den Anhängern des Herodes, dass sie ihn fingen in seinen Worten. Und sie kamen und sprachen zu ihm: Meister, wir wissen, dass du wahrhaftig bist und fragst nach niemand; denn du siehst nicht auf das Ansehen der Menschen, sondern du lehrst den Weg Gottes recht. Ist's recht, dass man dem Kaiser Steuern zahlt, oder nicht? Sollen wir sie zahlen oder nicht zahlen? Er aber merkte ihre Heuchelei und sprach zu ihnen: Was versucht ihr mich? Bringt mir einen Silbergroschen, dass ich ihn sehe! Und sie brachten einen. Da sprach er zu ihnen: Wessen Bild und Aufschrift ist das? Sie sprachen zu ihm: Des Kaisers. Da sprach Jesus zu ihnen: Gebt dem Kaiser, was des Kaisers ist, und Gott, was Gottes ist! Und sie wunderten sich über ihn. (Mk 12,13–17)

Die Sprüche Jesu zeichnen sich durch ihre Kontextlosigkeit aus, die sie für die synoptischen Evangelisten frei schaltbar machen. So bietet Markus 8,34–9,1 eine Spruchsammlung. Der Reichtum solcher Sprüche in der »Logienquelle Q« stiftet Matthäus und Lukas viel Material, das sie in ihren redaktionellen Rahmen einfügen können; der Reichtum ist sogar so groß, dass Matthäus und Lukas aus ihm ganze Spruchkompositionen schaffen können, die Bergpredigt (Mt 5–7) und die Feldrede (Lk 6,20–49). Jesu Sprüche weisen häufig eine nur von ihm überlieferte Besonderheit auf: Um die Wichtigkeit, Neuheit und Einzigartigkeit eines Diktums zu betonen, beginnt er es mit dem Wort »amen«, das sonst nur als bestätigende Schlussformel dient (»Wahrlich (= Amen), ich sage euch …«).

Die Gleichnisse oder Parabeln

Eine in Jesu Lehre herausstechende Eigenart ist das Predigen in Gleichnissen. Diese sind fast ausnahmslos der engsten palästinensischen Umwelt entnommen und beschränken sich dabei knapp aufs Wesentlichste; ihre Handlung ist ›einsinnig‹, d. h. sie bietet einen einzigen Erzählfaden und läuft auf eine einfache Wahrheit hinaus, die am Schluss steht, und von diesem Ende aus erschließt sich das ganze Gleichnis.

Als Beispiel für Jesu Gleichnisse und die Gefahr ihres Missverstehens sei die Parabel vom Sämann genannt. Zu ihrem Verständnis muss der heutige Leser oder Hörer allerdings wissen, dass man in Palästina vor dem Pflügen säte, d. h. die Saat anschließend unterpflügte, und dass der durchschnittliche Ernteertrag beim Dreißigfachen lag, was natürlich für Jesu Hörer völlig selbstverständliches Weltwissen war:

> Hört zu! Siehe, es ging ein Sämann aus zu säen. Und es begab sich, indem er säte, fiel etliches an den Weg; da kamen die Vögel und fraßen's auf. Anderes fiel auf felsigen Boden, wo es nicht viel Erde hatte, und ging bald auf, weil es keine tiefe Erde hatte. Da nun die Sonne aufging, verwelkte es, und weil es keine Wurzel hatte, verdorrte es. Und anderes fiel unter die Dornen, und die Dornen wuchsen empor und erstickten's, und es brachte keine Frucht. Und all das Übrige fiel auf das gute Land, ging auf und wuchs und brachte Frucht, und einiges trug dreißigfach und einiges sechzigfach und einiges hundertfach. Und er sprach: Wer Ohren hat zu hören, der höre! (Mk 4,3–9)

Jesu Hörern im ländlichen Palästina musste der Sinn unmittelbar einleuchten: Der verschwenderischen Aussaat, die auf Scheitern hin angelegt zu sein scheint, entspricht dennoch eine überreiche Ernte; der scheinbar scheiternden Predigt Jesu wird ein triumphaler Erfolg beschieden sein.

Dieser ebenso schlichte wie auf der Hand liegende Sinn ging bereits der nächsten Generation verloren, etwa bei Missionspredigten außerhalb Palästinas in der hellenistischen jüdischen Diaspora. Was wusste man dort vom palästinensischen Getreideanbau? Schon Markus selbst lässt daher Jesus das schlichte Gleichnis den Eingeweihten, also den Jüngern, nachträglich allegorisch erläutern: Gemäß dem damaligen exegetischen Verfahren der Allegorese (s. S. 127) werden auch Jesu Gleichnisse als Allegorien aufgefasst und gleichsam Wort für Wort in ein eigentlich »Gemeintes« übersetzt:

> Versteht ihr dies Gleichnis nicht, wie wollt ihr dann die andern alle verstehen? Der Sämann sät das Wort. Diese aber sind es, die an dem Wege sind: Wo das Wort gesät wird und sie es gehört haben, kommt alsbald der Satan und nimmt das Wort weg, das in sie gesät war. Und diese sind es, die auf felsigen Boden gesät sind: Wenn sie das Wort gehört haben, nehmen sie es sogleich mit Freuden auf, aber sie haben keine Wurzel in sich, sondern sind wetterwendisch; wenn sich Bedrängnis oder Verfolgung um des Wortes willen erhebt, so kommen sie alsbald zu Fall. Und andere sind es, die unter die Dornen gesät sind: Die haben das Wort gehört, und die Sorgen der Welt und der trügerische Reichtum und die Begierden nach allem andern dringen ein und ersticken das Wort, und es bleibt ohne Frucht. Und jene sind es, die auf das gute Land gesät sind: Die hören das Wort und nehmen's an und bringen Frucht, einige dreißigfach und einige sechzigfach und einige hundertfach. (Mk 4,14–20)

Jesu Gleichnisse sind nie Allegorien, sondern haben stets nur einen Vergleichspunkt wie hier die scheinbar scheiternde Aussaat und die dennoch überreiche Ernte.

Die Fortschreibung eines Gleichnisses

Bei Lukas findet sich folgendes Gleichnis:

> Es war ein Mensch, der machte ein großes Abendmahl und lud viele dazu ein. Und er sandte seinen Knecht aus zur Stunde des Abendmahls, den Geladenen zu sagen: Kommt, denn es ist schon bereit! Da fingen sie alle an, sich zu entschuldigen. Der erste sprach zu ihm: Ich habe einen Acker gekauft und muss hinausgehen und ihn besehen; ich bitte dich, entschuldige mich. Und ein andrer sprach: Ich habe

fünf Joch Ochsen gekauft und ich gehe jetzt hin, sie zu besehen; ich bitte dich, entschuldige mich. Wieder ein andrer sprach: Ich habe eine Frau geheiratet; darum kann ich nicht kommen. Und der Knecht kam zurück und sagte das seinem Herrn. Da wurde der Hausherr zornig und sprach zu seinem Knecht: Geh schnell hinaus auf die Straßen und Gassen der Stadt und führe die Armen und Verkrüppelten und Blinden und Lahmen herein. Und der Knecht sprach: Herr, es ist geschehen, was du befohlen hast; es ist aber noch Raum da. Und der Herr sprach zu dem Knecht: Geh hinaus auf die Landstraßen und an die Zäune und nötige sie hereinzukommen, dass mein Haus voll werde. Denn ich sage euch: Keiner der Männer, die eingeladen waren, wird mein Abendmahl schmecken. (Lk 14,16–24)

Der Sinn ist eindeutig, auch wenn das feierliche Gastmahl nicht in Jesu Worten ständig als Gleichnis für das Himmelreich präsent wäre: Die ursprünglich dazu Geladenen – das Volk Israel – haben die Einladung ausgeschlagen; jetzt werden die bislang Verachteten, die Prekären und die Außenseiter die neuen Ehrengäste.

Matthäus hat in seinem Evangelium das schlichte Gleichnis, das er wie sein Kollege Lukas der Quelle »Q« entnommen hat, für die Zeit nach 70 n. Chr. fortgeschrieben und dabei zum einen die Bildhälfte sinnlos vergröbert und zerstört und zugleich die Sachhälfte erweitert:

Das Himmelreich gleicht einem König, der seinem Sohn die Hochzeit ausrichtete. Und er sandte seine Knechte aus, die Gäste zur Hochzeit zu rufen; doch sie wollten nicht kommen. Abermals sandte er andere Knechte aus und sprach: Sagt den Gästen: Siehe, meine Mahlzeit habe ich bereitet, meine Ochsen und mein Mastvieh ist geschlachtet und alles ist bereit; kommt zur Hochzeit! Aber sie verachteten das und gingen weg, einer auf seinen Acker, der andere an sein Geschäft. Die Übrigen aber ergriffen seine Knechte, verhöhnten und töteten sie. Da wurde der König zornig und schickte seine Heere aus und brachte diese Mörder um und zündete ihre Stadt an. Dann sprach er zu seinen Knechten: Die Hochzeit ist zwar bereit, aber die Gäste waren's nicht wert. Darum geht hinaus auf die Straßen und ladet zur Hochzeit ein, wen ihr findet. Und die Knechte gingen auf die Straßen hinaus und brachten zusammen, alle, die sie fanden, Böse und Gute; und der Hochzeitssaal war voll mit Gästen. Da ging der König hinein zum Mahl, sich die Gäste anzusehen, und sah da einen Menschen, der hatte kein hochzeitliches Gewand an, und sprach zu ihm: Freund, wie bist du hier hereingekommen und hast doch kein hochzeitliches Gewand an? Er aber verstummte. Da sprach der König zu seinen Dienern: Bindet ihm Hände und Füße und werft ihn in die äußerste Finsternis! Da wird sein Heulen und Zähneklappern. Denn viele sind berufen, aber wenige sind auserwählt. (Mt 22,2–14)

Offensichtlich galten Jesu Worte nicht als im Wortlaut sakrosankt, sondern durften, vom Prediger aktualisiert, in veränderte Situationen hineingesprochen werden, vergleichbar der alttestamentlichen prophetischen Überlieferung auf den Schriftrollen der Prophetenschulen (s. S. 96 f.). Der Sinn für die schlichte Präzision von Jesu Gleichnissen ist im Falle dieses Gleichnisses völlig verlorengegangen – bei der aktualisierten Version stimmt einfach nichts mehr. Welchen vernünftigen Grund gäbe es, Einlader zu einer Hochzeit zu ermorden, es sei denn, man wolle damit die frühe Christenverfolgung und die Zerstörung Jerusalems allegorisieren? Und wie soll ein auf ausdrücklichen Wunsch des Gastgebers hin vom Straßenrand Geholter ein Hochzeitskleid tragen? Hier will Matthäus offenbar der Tatsache Rechnung tragen, dass sich auch in die christliche Gemeinde mit der Zeit üble Subjekte eingeschlichen hatten, die trotz ergangener und befolgter Einladung letztlich nicht willkommen sind.

Die Neigung der späteren Kirche, durch das Verfahren der Allegorese Bibeltexte übermäßig zu beanspruchen, war im Falle dieses Gleichnisses besonders verhängnisvoll: Das nur in Lukas' Bildlichkeit sinnvolle »Nötigt sie, hereinzukommen« – *cogite intrare* – wurde, aus dem Kontext gerissen, zur Rechtfertigung von Zwangsbekehrungen missbraucht.

Ebenso hat Matthäus das Naturwunder von der Stillung des Sturms (s. S. 152) für seine Zeit fortgeschrieben: Aus dem Sturm bei Markus und Lukas wird ein veritables Erdbeben, natürlich kein wirklicher Tsunami, sondern eines der kosmischen Merkzeichen für das Weltende in der Apokalyptik (s. S. 129). Auch in den Drangsalen und Trübnissen der Endzeit sollen die Christen den Glauben nicht verlieren, dass Christus das Schiff, das sich Gemeinde nennt, beschützt. Entsprechend wird den Jüngern jetzt nicht mehr vorgeworfen: »Habt ihr noch keinen Glauben?«, sondern »kleingläubig« zu sein, zu wenig Glauben zu haben.

Die synoptischen Evangelien entstehen dann in der bewussten Redaktion und Komposition dieser von unterschiedlichen Kreisen in unterschiedlichem Interesse überlieferten kleinsten Einheiten von Wunderberichten, Geschichten, Legenden, Apophthegmata, Logien und Gleichnissen durch den jeweiligen Evangelisten.

Jesu Wunder und Gleichnisse in Goethes *Wilhelm Meisters Wanderjahre*

Goethe, der sich von Kindheit an mit der Bibel immer wieder intensiv beschäftigt hat (s. S. 69), hat in *Wilhelm Meisters Wanderjahre* (1829) Jesu Wunder und seine Gleichnisse eindrucksvoll in Beziehung zueinander gesetzt: Komplementär illustrieren sie das Wunder der Sendung Jesu, das Himmlische mit dem Irdischen zu verbinden.

Der Titelheld wird in der »Pädagogischen Provinz«, einem wie ein kleiner Staat organisierten Knabeninternat, in das er seinen Sohn Felix geben will, durch eine Bildergalerie zum Leben Jesu geführt:

> »›Ihr seht‹, sagte der Begleiter, nachdem sie an einem Teil der Bilder vorübergegangen waren, ›hier weder Taten noch Begebenheiten, sondern Wunder und Gleichnisse. […] Durch Wunder und Gleichnisse wird eine neue Welt aufgetan. Jene machen das Gemeine außerordentlich, diese das Außerordentliche gemein.‹ […] ›Es ist nichts gemeiner und gewöhnlicher als Essen und Trinken; außerordentlich dagegen einen Trank zu veredeln, eine Speise zu vervielfältigen, daß sie für eine Unzahl hinreiche. Es ist nichts gewöhnlicher als Krankheit und körperliche Gebrechen; aber diese durch geistige, oder geistigen ähnliche Mittel aufheben, lindern, ist außerordentlich und eben daher entsteht das Wunderbare des Wunders, daß das Gewöhnliche und Außerordentliche, das Mögliche und das Unmögliche Eins werden. Bei dem Gleichnisse, bei der Parabel, ist das Umgekehrte: hier ist der Sinn, die Einsicht, der Begriff das Hohe, das Außerordentliche, das Unerreichbare. Wenn dieser sich in einem gemeinen, gewöhnlichen, faßlichen Bilde verkörpert, so daß er uns als lebendig, gegenwärtig wirklich entgegen tritt, daß wir uns ihn zueignen, ergreifen, festhalten, mit ihm wie mit unsers Gleichen umgehen können, das ist denn auch eine zweite Art von Wunder und wird billig zu jenen ers-

> ten gesellt, ja vielleicht ihnen noch vorgezogen. Hier ist die lebendige Lehre ausgesprochen, die Lehre, die keinen Streit erregt; es ist keine Meinung über das, was Recht oder Unrecht ist; es ist das Rechte oder Unrechte unwidersprechlich selbst.‹« (II. Buch, 2. Kapitel)

Der Chorus *mysticus*, in dem Goethe fast gleichzeitig seinen *Faust II* enden lässt, verdichtet diese Wertung von Jesu Parabeln zu »Alles Vergängliche ist nur ein Gleichnis« – Werner Bergengruen hat in seiner Goethe-Rede 1949 diese Verse »die beiden höchsten Verszeilen der deutschen Sprache« genannt.

Die vier Evangelisten und ihre Symbole

In der *Offenbarung des Johannes* hat der Seher eine Vision von vier Tieren, deren erstes war

> gleich einem Löwen, und das zweite Wesen war gleich einem Stier, und das dritte Wesen hatte ein Antlitz wie ein Mensch, und das vierte Wesen war gleich einem fliegenden Adler. Und ein jedes der vier Wesen hatte sechs Flügel, und sie waren rundum und innen voller Augen, und sie hatten keine Ruhe Tag und Nacht und sprachen: Heilig, heilig, heilig ist Gott der Herr, der Allmächtige, der da war und der da ist und der da kommt. (Offb 4,7 f.).

Diese auf Hesekiel 1,10 und Jesaja 6,3 zurückgehende Vision wurde von den Kirchenvätern seit Hieronymus auf die vier Evangelisten bezogen und führte zu einer seit dem siebten Jahrhundert festen Zuordnung: Markus der Löwe, wegen der Wüstenpredigt des Täufers am Anfang, Lukas der Stier, wegen des Opfers des Zacharias Lk 1, Johannes der Adler, wegen des schwungvollen Prologs oder auch wegen der Entrückung nach Patmos (Offb 1,9 f.), und Matthäus der Mensch wegen der Genealogie des Menschen Jesu zu Beginn seines Evangeliums. Diese Deutung von Offb 4,7 f. hat das Bildprogramm von Kirchen weltweit geprägt und zu zahllosen Kanzeln geführt, die auf vier Seiten die Symbole der Evangelisten zeigen, wird doch von dieser Stätte aus das Evangelium gepredigt. Vor allem die Verbindung des heiligen Markus mit Venedig, in dessen Dom seine Reliquien ruhen sollen, haben die Stadt und das Symboltier des Evangelisten, den geflügelten Löwen, förmlich verschmelzen lassen, ohne dass die Millionen von Touristen den Hintergrund ahnen.

Das *Evangelium nach Markus*

Der nur in der Evangelienüberschrift genannte Markus soll nach einer um 130 bezeugten Tradition der Dolmetscher des Petrus gewesen sein und nach dessen Lehrvorträgen ohne Rücksichten auf die Chronologie der Ereignisse sein Evangelium aufgeschrieben haben. Dies ist aber wohl auf die Nennung eines Markus in 1 Petr 5,13 zurückzuführen; im Evangelium selbst ist keine besondere Stellung des Petrus über die üblichen Traditionen hinaus zu erkennen. Markus war somit wohl ein uns unbekannter Heidenchrist mit Griechisch als Muttersprache, der auch Aramäisch beherrschte. Geschrieben hat er sein Evangelium für Griechisch sprechende Leser und Hörer, für die er regelmäßig hebräische oder aramäische Ausdrücke übersetzt (z. B. Mk 3,17; 5,41; 7,11–34; 9,43; 14,36; 15,22–34). Auffällig sind die zahlreichen Latinismen im Evangelium (*medius* (4,21), *legio* (5,9.15), *speculator* (6,27), *denarius* (6,37), *pugnus* (7,3) *sextarius* (7,4), *quadrans* (12,42), *flagellare* (15,15), *praetorium* (15,16), *centurio* (15,39–44 f.)). Da sie dem im ganzen römischen Imperium präsenten Geld- und Militärbereich entstammen, spricht dies nicht unbedingt für eine oft angenommene Entstehung in Rom. Je nachdem, ob man Mk 13,2–14 als echte Prophezeiung oder als *vaticinium ex eventu* (scheinbare ›Weissagung nach Eintreten des Ereignisses‹) ansieht, ergibt sich eine Entstehung kurz vor oder kurz nach 70, d. h. der Zerstörung Jerusalems und des Tempels.

Die markinische Redaktion hat dem verarbeiteten tradierten Gut eine klare Gliederung gegeben (nach U. Schnelle), durch die sich Markus nicht nur als Sammler und Redaktor, sondern auch als Erzähler erweist:

1,1–8,26	1. Hauptteil: Jesu Wirken innerhalb und außerhalb Galiläas
1,1–6,56	Die Evangeliumsverkündung in Galiläa
1,1–15	Prolog
1,16–45	Jesu erstes Wirken
2,1–3,6	Streitgespräche
3,7–35	Heilungen, Berufung der Jünger, Jesu Verwandte
4,1–34	Gleichnisse
4,35–5,43	Wundergeschichten
6,1–56	Abschluss des Wirkens in Galiläa
7,1–8,26	Das Wirken Jesu unter Heiden

7,1–7,23	Rein und Unrein
7,24–37	Heilungen an Heiden
8,1–9	Die Speisung der 4000 als Abschluss der Wanderung durch das Heidengebiet
8,10–26	Die Rückkehr nach Galiläa
8,27–10,52	**2. Hauptteil: Jesu Weg zur Passion**
8,27–9,1	Petrusbekenntnis, 1. Leidensankündigung
9,2–50	Verklärung, Wunder, 2. Leidensankündigung, Belehrungen
10,1–52	Weg nach Jerusalem, Belehrungen, 3. Leidensankündigung, Wunder
11,1–16,8	**3. Hauptteil: Jesus in Jerusalem**
11,1–25	Einzug in Jerusalem, Tempelreinigung
11,27–12,44	Streit- und Lehrgespräche
13,1–37	Rede von den letzten Dingen
14,1–15,47	Die Passion Jesu
16,1–8	Das leere Grab
(16,9–20)	Unechter Markusschluss: Erscheinungen des Auferstandenen, Aussendung der Jünger

Ob das ursprüngliche *Markusevangelium* mit der Entdeckung des leeren Grabes endete oder ob anschließende Auferstehungsgeschichten verloren gegangen sind, ist unklar. Jedenfalls sind die Berichte 16,9–20 – wiewohl selbst möglicherweise alte Überlieferung – später angefügt worden.

Höhepunkt jedes der drei Hauptteile ist jeweils das Zeugnis »Dieser ist Gottes Sohn«, bei der Taufe (Mk 1,9–11) und bei der Verklärung (9,7) von einer Himmelsstimme gesprochen, bei der Kreuzigung als Bekenntnis des römischen Hauptmanns.

Für die Passionsgeschichte Mk 14,1–16,8 hat Markus möglicherweise schon eine alte Zusammenstellung benutzt, die Jesu Gebet in Gethsemane, Verhaftung, Verhör, Verurteilung, Kreuzigung, Grablegung und die Erzählung vom leeren Grab umfasste und als Weiterentwicklung des paulinischen Ur-Evangeliums (s. S. 143) angesehen werden kann.

Als charakteristisch für Markus wird das »Messiasgeheimnis« angesehen: Jesus befiehlt seinen Jüngern zweimal Schweigen hinsichtlich seiner Messianität (Mk 8,30; 9,9), beim zweiten Mal ausdrücklich bis zur Auferstehung: »Erst Kreuz und Auferstehung ermöglichen eine uneingeschränkte Erkenntnis Jesu Christi.« (U. Schnelle)

Das *Evangelium nach Matthäus*

Die traditionelle Gleichsetzung des Evangelisten mit Jesu Jünger Matthäus (Mt 10,3; Mk 3,18; Lk 6,15) ist nicht haltbar: Warum sollte ein Augenzeuge für das Wirken Jesu mit dem *Markusevangelium* das Werk eines Nichtaugenzeugen als Quelle benutzt haben? Zudem ist die Namensanführung »Matthäus« Mt 9,9 sekundär; in der Markusvorlage steht dort »Levi« (Mk 2,14). Ob der Evangelist Juden- oder Heidenchrist war, ist in der Forschung umstritten; für beides finden sich Hinweise im Evangelium, sodass U. Schnelle für den Kompromiss »eines liberalen hellenistischen Diaspora-Judenchristentums« als Sitz des Evangeliums im Leben eintritt.

Da die Zerstörung Jerusalems vorausgesetzt wird (Mt 22,7), muss das Werk nach 70 entstanden sein, um 110 kennt es der Bischof Ignatius von Antiochien bereits; somit wird es um 90 n. Chr. abgefasst worden sein.

Die beträchtliche Vermehrung des Umfangs gegenüber Markus verdankt Matthäus zum einen – wie auch Lukas – der Einarbeitung der »Logienquelle Q« sowie nur ihm eigenem Sondergut. Für eine ganze Reihe das Evangelium durchziehender Formeln, in denen jeweils eine Verheißung des *Alten Testaments* als von Jesus erfüllt erläutert wird (Mt 1,23; 2,6.15.18.23; 4,15 f.; 8,17; 12,18–21; 13,35; 21,5; 27,9 f.), hat die Forschung eine Sammlung solcher Testimonienzitate angenommen (s. S. 146), die von Matthäus vorgefunden und in seine Darlegungen redaktionell eingelegt wurden.

Wie bei Lukas zeigt sich bei den Erweiterungen, die bei Matthäus ihm eigenes »Sondergut« sind, schon die für spätere apokryphe Evangelien wichtige Tendenz, dass neben zusätzlichen Logien, Gleichnissen und Wundergeschichten aus Sondertraditionen vor allem ein Rückgriff auf die Zeit vor Jesu Taufe den Stoff erweitern hilft: Durch Engel verheißene Jungfrauengeburt, Geburt in Bethlehem unter einem Wunderstern, Anbetung durch die Magier, Flucht nach Ägypten, bethlehemitischer Kindermord und Ansiedlung in Nazareth bilden den Inhalt von Mt 1–2.

Gliederung (nach U. Schnelle)

1,1–2,33	Vor- und Kindheitsgeschichte
3,1–4,11	Johannes der Täufer, Taufe und Versuchung Jesu
4,12–25	Der Beginn des öffentlichen Wirkens Jesu
5,1–7,29	Die Bergpredigt
8,1–9,34	Die Wundertaten Jesu
9,35–11,1	Die Aussendungsrede
11,2–12,50	Heilungen, Streitgespräche
13,1–52	Die Gleichnisrede
13,53–17,27	Wanderungen in Galiläa
18,1–35	Die Gemeinderede als Abschluss der galiläischen Wirksamkeit
19,1–20,34	Auf dem Weg nach Jerusalem
21,1–25,46	Jesu Wirken in Jerusalem
26,1–28,20	Passion, Auferstehung und Erscheinungen

Jesu Weg erscheint im *Matthäusevangelium* von vornherein als Weg Gottes erst zu Israel, dann zu den Heiden. Der Bogen des Evangeliums spannt sich vom »Gott mit uns« der Immanuel-Verheißung Mt 1,23 zum Missionsbefehl am Ende mit ihrem triumphalen Schluss »Matthäi am letzten«. Die Einfügung der Kindheitsgeschichte ermöglicht Matthäus zudem, Jesu Leben als Parallele zur Geschichte Israels zu zeichnen: Flucht nach Ägypten, Leben dort, Rückkehr ins gelobte Land, die bei Matthäus (2,15) als Erfüllung des eindeutig Israel geltenden Prophetenworts »Aus Ägypten habe ich meinen Sohn gerufen« (Hos 11,1) gesehen wird. Hinaufzug nach Jerusalem, Kreuzigung und Auferstehung dort begründen die verheißene Wallfahrt aller Völker nach Zion. Von der Geburt über Leben, Lehre, Tod und Auferstehung führt der Weg Jesu Christi in die Gegenwart der matthäischen Gemeinde: »Mir ist gegeben alle Gewalt im Himmel und auf Erden. Darum gehet hin und lehret alle Völker: Taufet sie auf den Namen des Vaters und des Sohnes und des Heiligen Geistes und lehret sie halten alles, was ich euch befohlen habe. Und siehe, ich bin bei euch alle Tage bis an der Welt Ende.« (Mt 28,18b–20)

Die Bergpredigt

Der berühmteste und wirkungsmächtigste Teil des *Matthäusevangeliums* ist zweifellos des Evangelisten kunstvolle Komposition wichtigster Jesus-Logien zur »Bergpredigt« – die Weltkirche hat ihr immerhin das allen ihren farbigen Schattierungen gemeinsame Gebet »Vater unser, der du bist im Himmel« (Mt 6,9–13) zu verdanken. Vor allem aber ragen die Seligpreisungen (Mt 5,3–10) heraus, mit denen Matthäus sein Kunstwerk wie mit sieben leisen Fanfarenstößen eröffnet. In ihrer sprachlichen Schönheit bilden sie einen der Höhepunkte der Weltliteratur, dem im *Neuen Testament* wohl nur noch der Prolog des *Johannesevangeliums* (1,1–5, 9–14) und das »Hohelied der Liebe« (1 Kor 13) des Apostels Paulus an die Seite gestellt werden können.

Inhaltlich sind sie diese »Makarismen«, wie der theologische Fachausdruck lautet, die utopische Beschwörung einer Welt, in der Gottes Reich gekommen ist und in der »sein Wille geschieht«. Es sind wohl die Seligpreisungen, die Günter Grass meint, wenn er sagt: »Für mich bedeutet Christentum zuallererst – die Bergpredigt.«

Daneben gibt es aber auch die ethischen Rigorismen, die das »Gesetz« des Alten Bundes noch bewusst verschärfen:

> Ihr habt gehört, dass gesagt ist (2 Mose 20,14): »Du sollst nicht ehebrechen.« Ich aber sage euch: Wer eine Frau ansieht, sie zu begehren, der hat schon mit ihr die Ehe gebrochen in seinem Herzen. Wenn dich aber dein rechtes Auge verführt, so reiß es aus und wirf's von dir. Es ist besser für dich, dass eins deiner Glieder verderbe und nicht der ganze Leib in die Hölle geworfen werde. Wenn dich deine rechte Hand verführt, so hau sie ab und wirf sie von dir. Es ist besser für dich, dass eins deiner Glieder verderbe und nicht der ganze Leib in die Hölle fahre. (Mt 5,27–30).

Udo Schnelle fragt daher in seiner *Einleitung in das Neue Testament* mit Recht:

Wem gilt die Bergpredigt? Richtet sie sich an alle Menschen, gilt sie nur den christlichen Kirchen oder kann nur eine exklusive Gruppe oder der Einzelne die radikalen Forderungen der Bergpredigt erfüllen? Heftig umstritten ist nach wie vor die Frage nach der Erfüllbarkeit dieser Forderungen. Für Matthäus sind die ethischen Radikalismen der Bergpredigt Ausdruck der besseren Gerechtigkeit, die die christliche Gemeinde aus Juden und Heiden auszeichnet. Lassen sich aber die ethischen Forderungen der Bergpredigt als zeitlose Imperative erfüllen? Möglicherweise ist die Frage nach der Erfüllbarkeit der ethischen Normen aber auch falsch gestellt, denn sie würde wieder zu einer weder von Jesus noch Matthäus gewollten Gesetzlichkeit und Funktionalisierung führen. Weiterführend ist deshalb der Vorschlag von J. Eckert, die Radikalismen als Appelle zu verstehen, sich angesichts des nahenden Gottesreiches ganz auf den Willen Gottes einzulassen und gerade dadurch Menschsein zu ermöglichen. G. Theißen sieht im *Matthäusevangelium* auch einen Gegenentwurf zu zeitgenössischen Herrschaftskonzepten: »Eine ganz neue Art von Weltherrschaft kündigt sich hier an, eine Weltherrschaft durch ethische Gebote. Sie liegt auf anderer Ebene als die Herrschaft der Römer und des Herodes […]. Das Evangelium ist Zeuge für die Transformation politischer Macht in Ethik.«

Genau in diesem Sinne Theißens, in dem auch Grass alles politische Handeln sah, hat er wohl auch die von ihm so hochgeschätzte Bergpredigt verstanden.

Judentum und Christentum in neutestamentlicher Zeit

Wie der Aufbau aller Evangelien zeigt, sah Jesus sich in erster Linie zu Israel gesandt; daneben ist aber auch immer wieder der unbefangene Umgang, ja die Mahlgemeinschaft mit den nach jüdischem Tabu Unreinen, den Sündern und Heiden bezeugt. Wie Jesus haben auch seine Apostel nach seinem Tod bevorzugt in den Synagogen gelehrt, und anfangs wirkte die Jesusgemeinde nach innen wie nach außen wie eine der zahlreichen Strömungen innerhalb des Judentums. Auch die Aufnahme von Heiden in diese Gemeinschaft durch die Taufe bewirkte anfangs keine Spannungen, da sie den »Gottesfürchtigen« – Heiden, die sich zur Synagoge hielten, ohne sich beschneiden zu lassen – gleichgestellt schienen. (s. S. 31)

Eine Entscheidung innerhalb der neuen innerjüdischen »Christussekte« wurde fällig, als radikale judenchristliche Kreise die volle Übernahme des Judentums, also auch die Übernahme des Gesetzes und die Beschneidung, als Vorbedingung für die Taufe von Heidenchristen forderten. Eine Durchsetzung dieser Forderungen hätte die beginnende Weltreligion zur jüdischen Sekte zurückgebildet. Die Fragen wurden auf dem sogenannten Jerusalemer »Apostelkonvent« (um 43/44) zwischen Petrus und Jakobus als den »Säulen« der Urgemeinde und Paulus und Barnabas als den Vertretern der Heidenmission geklärt. Die Berichte darüber divergieren stark; der in Apg 15,1–33 harmonisiert 60 Jahre nach dem Ereignis erheblich, während Paulus in Gal 2 noch die Empörung anzumerken ist. Petrus bleibt die Judenmission anvertraut, Paulus die Heidenmission; als Hommage an die Jerusalemer Mutterkirche wird eine bei den Heidenchristen einzusammelnde Kollekte für die »Armen« – ein Ehrentitel der Urgemeinde – in Jerusalem verabredet, deren Organisation sich durch die gesamten Paulusbriefe hinzieht.

Dass die Spannungen damit noch nicht ausgestanden waren, zeigt ein schwankendes Verhalten des Petrus in Antiochia, als er unter dem Einfluss des Jakobus den Heidenchristen die zuvor gewährte Mahlgemeinschaft wieder entzieht und Paulus ihm »ins Angesicht widerstand«. (Gal 2,11–21)

Von ähnlichem In- und Nebeneinander von friedlicher Koexistenz und gewalttätigen Spannungen war bis in die Sechzigerjahre auch das Verhältnis der frühen (Juden-)Christen zu den orthodox gebliebenen Juden gekennzeichnet. Gelegentlich brachten der Hohe Rat oder die einzelnen Synagogengemeinden die ihnen zu Gebote stehenden Strafen gegen die Neuerer zur Anwendung; so bei der Steinigung des Herrenbruders und Gemeindeleiters Jakobus wegen Gesetzesbruchs im Jahre 62. Es kam aber nur zu zwei Verfolgungsaktionen. Die eine galt der heidenchristlichen Gruppe um Stephanus (Apg 6,8–8,3), der zum ersten Märtyrer wurde, während andere Heidenchristen aus Jerusalem vertrieben wurden, was der weiteren Verbreitung des Christentums zugleich Auftrieb gab. Um 43/44 verfolgte Herodes Agrippa I. den Juden zuliebe die Christusanhänger; der Zebedäussohn Jakobus – evtl. auch sein Bruder Johannes – wurde enthauptet und Petrus verhaftet. Im weiteren Verlauf kam es immer wieder zu Denunziationen der Christen – immer wieder auch des Paulus, z. B. in Apg 21,27 ff. – bei der jüdischen Obrigkeit: Die Juden selbst waren als *religio licita* vom Kaiserkult ausgenommen und nur zum Gebet für den Kaiser verpflichtet; durch Denunziation der Christen als Andersgläubige stand es in ihrer Macht, den

Christen diesen Schutz zu entziehen und sie dem römischen Staat auszuliefern. So bezog sich das von Sueton bezeugte Vertreibungsedikt des Kaisers Claudius 49/50 vermutlich auf die Christen unter den römischen Juden.

Dieses spannungsreiche und wechselvolle Verhältnis von Juden, Judenchristen und Christen während der Entstehungszeit der neutestamentlichen Schriften gilt es zu beachten, wenn man die Darstellung der Juden im *Neuen Testament* bedenkt. Ihre Beurteilung reicht vom Wissen, dass das Heil von den Juden kommt (Joh 4,22), bis zum offenen Antijudaismus. Betrachtet man allein die Berichte von der Kreuzigung Jesu, so erweisen sich Markus (Mk 15,29–32) und Johannes (Joh 19,14–16) als antijüdisch, Matthäus als judenfeindlich (Mt 27,25: »Sein Blut komme über uns und über unsre Kinder«), während Lukas die Kreuzigung mit den Klagen des ganzen Volkes über Jesu Leid gleichsam rahmt (Lk 23,27–48) und das Spotten den »Oberen« wie den heidnischen Soldaten gleichermaßen zuschreibt (Lk 23,35 f.).

Alttestamentliche und andere religionsgeschichtliche Parallelen

Die religions- und mythengeschichtliche Schule des 19. Jahrhunderts, wie sie z. B. Thomas Manns *Joseph*-Tetralogie beeinflusst hat, tendierte dazu, alle durch das *Alte Testament* oder sonstige religionsgeschichtlichen Parallelen belegten Züge im Leben Jesu als legendär abzutun (s. dazu S. 147). In Antwort auf solche Tendenzen hat J. B. Pérès schon 1835 in seiner Schrift *Comme quoi Napoléon n'a jamais existé* nachgewiesen, dass Napoleon nie gelebt habe, sondern dass es sich um einen alten Sonnenmythos handle. »Napoléon« ist vom Sonnengott »Apollo« abgeleitet; »Bonaparte« ist als »die gute Seite« der Sitz des Lichts, so wie der Teufel in der bösen Nacht von Malaparte wohnt. Seine Mutter heißt Leticia nach Leto, der Mutter Apolls. Der Held kommt aus dem Meer im Osten (Korsika) und versinkt im Meer im Westen (St. Helena); seinen Triumph erlebt er im Süden (Italien), seinen Tief- und Schwächepunkt erleidet er im Norden (Russland). Seine vier Brüder sind die vier Jahreszeiten, die ihre Existenz der Sonne verdanken; seine zwölf Marschälle sind die Tierkreiszeichen. Apollo hat die Pythonschlange getötet; deshalb wurde Napoleon der Sieg über die Hydra der Französischen Revolution beigelegt.

Komplementär zu diesem Nachweis, dass Napoleon nichts anderes als ein aus alten Mythen konstruiertes Mythologem war, hat die Astronomie den seit dem Aufkommen der aufklärerischen Bibelkritik als Legende abgeschriebenen Stern von Bethlehem in neuerer Zeit wieder historisch wahrscheinlich gemacht:

> »Anfang September im Jahr sieben vor Christus sahen Priesterastrologen des babylonischen Mardukkultes eine seltsame Erscheinung am Nachthimmel: Jupiter und Saturn schienen im Sternbild der Fische plötzlich zu einem Stern zu verschmelzen, wenige Tage später rückwärts zu laufen und schließlich am Firmament stehenzubleiben. Da Jupiter der Stern des eigenen Gottkönigs Marduk war, Saturn hingegen derjenige Israels, interpretierten die Priesterastrologen die Bewegungen am Himmel als Vorzeichen einer bevorstehenden Vereinigung ihres Gottes mit dem der Juden und einer daraus resultierenden Geburt eines neuen Gottes. Da das Tierkreiszeichen Fische, der Ort der Sternbegegnung, ebenfalls Israel zugeschrieben wurde, glaubten die Priester, daß dieses Land die Heimat des neuen Gottes war.« (Sebastian Klusak: Die Seele der Planeten. In: Bilder und Zeiten. Wochenendbeilage zur Frankfurter Allgemeinen Zeitung vom 21.12.1996.)

Das *Evangelium nach Lukas*

Das *Lukasevangelium* ist der erste Teil eines Doppelwerkes, das mit seinem zweiten Teil, der *Apostelgeschichte,* von vornherein konzeptuell eine Einheit bildet. Zudem nähert sich dieses Werk in beiden Teilen unter allen neutestamentlichen Werken am stärksten der antiken Literatur, vor allem der Historiografie, und wird nach antikem Brauch in beiden Teilen von einer Widmung an einen Freund und Gönner eingeleitet.

> Da es nun schon viele unternommen haben, Bericht zu geben von den Geschichten, die sich unter uns erfüllt haben, wie uns das überliefert haben, die es von Anfang an selbst gesehen haben und Diener des Wortes gewesen sind, habe auch ich's für gut gehalten, nachdem ich alles von Anfang an sorgfältig erkundet habe, es für dich, hochgeehrter Theophilus, in guter Ordnung aufzuschreiben, auf

> dass du den sicheren Grund der Lehre erfährst, in der du unterrichtet bist. (Lk 1,1–4)
> Den ersten Bericht habe ich gegeben, lieber Theophilus, von all dem, was Jesus von Anfang an tat und lehrte bis zu dem Tag, an dem er aufgenommen wurde, nachdem er den Aposteln, die er erwählt hatte, durch den Heiligen Geist Weisung gegeben hatte. (Apg 1,1 f.)

Der Kanon Muratori (s. S. 140) berichtet um 200 n. Chr über das *Lukasevangelium*: »Dieser Arzt Lukas [nach Kol 4,14 – V. N.] hat es nach der Himmelfahrt Christi, nachdem ihn Paulus als wissenschaftlich gebildeten Mann mit sich genommen hatte, unter seinem eigenen Namen nach dessen Meinung geschrieben.« In Lukas' Werken, vor allem in der *Apostelgeschichte*, ist jedoch keine besondere Nähe zur Theologie des Paulus feststellbar: »Der Verfasser der Apg ist in seiner Christologie vorpaulinisch, in seiner natürlichen Theologie, Gesetzesauffassung und Eschatologie nachpaulinisch. Es findet sich bei ihm kein spezifisch paulinischer Gedanke.« (Philipp Vielhauer) Mithin verdankt sich diese Tradition wohl einer Kombination von Stellen aus der *Apostelgeschichte* und Briefen des Paulus und seiner Schule. Der angeblich in Rom entstandene 2. *Timotheusbrief* setzt dort ein, wo die *Apostelgeschichte* endet; Lukas ist nach 2 Tim 4,11 der letzte bei Paulus ausharrende Mitarbeiter, weshalb ihm dann auch die *Apostelgeschichte* und mithin auch das nach ihm benannte Evangelium zugeschrieben wurden. Seit dem 6. Jahrhundert begegnet zusätzlich eine Tradition, nach der Lukas auch Maler gewesen ist und das erste Bild der Jungfrau Maria gemalt hat.

Lukas schreibt aus der Perspektive der dritten urchristlichen Generation, die das Heilsgeschehen bereits in Epochen einteilt, was für eine Datierung um 90 n. Chr. spricht. Die Verwerfung Israels ist für ihn bereits feste Tatsache (Lk 21,20–24) und die Heidenmission ohne Beschneidung und Speisegebote selbstverständlich (Apg 10; 28,28); er hat also wohl für eine heidenchristliche Gemeinde geschrieben. Dazu passt seine Vertrautheit mit den Gepflogenheiten griechisch-römischer Geschichtsschreibung; viele semitische Begriffe seiner Vorlagen ersetzt er durch griechische. Im Gegensatz zu Matthäus (Mt 1,1) führt er den Stammbaum Jesu nicht über David auf Abraham zurück, sondern in universalistischer Perspektive auf Adam (Lk 3,38).

Ein besonderes Interesse sowohl des *Lukasevangeliums* wie der *Apostelgeschichte* gilt dem Verhältnis von Reich und Arm.

> »Lukas wendet sich in seiner Paränese (= ethischen Ermahnung) vorwiegend an die Reichen in seiner Gemeinde und ruft sie angesichts der Gefahr des Glaubensabfalles zur Distanz zum Reichtum auf [...] Sein Ziel ist nicht die kompromisslose Kritik der Reichen, sondern die Realisierung einer Liebesgemeinschaft zwischen Armen und Reichen der Gemeinde, deren Voraussetzung die Bereitschaft zu Almosen auf Seiten der Reichen ist. Lukas schrieb insofern ein Evangelium an die Reichen für die Armen.« (U. Schnelle)

Daraus resultiert die in späteren Zeiten geradezu zum »christlichen Urkommunismus« verklärte Schilderung der sozialen Verhältnisse in der Urgemeinde (Apg 2,42–47).

Als poetische Verdichtung all dessen erscheint das »Magnificat«, der Lobgesang Mariens in Lk 1,46–55. Man kann ihn geradezu als Basis und Summe von Heinrich Bölls spezifischer Auffassung von einem wahren Christentum bezeichnen. Für Böll, der wohl zu Recht als der letzte bekennende Christ unter den kanonischen deutschen Autoren gilt, war die Menschwerdung Gottes in einem Stall, einem *ou topos*, einem ›Un-Ort‹ (Lk 2,7), wichtiger als die traditionell als zentral geltenden Glaubensartikel von Kreuzigung und Auferstehung. Mit dieser Geburt im Abseits der Welt solidarisiert, ja vereinigt sich Gott mit den Außenseitern, den Verachteten, den Armen und Machtlosen. Deshalb feiert das ledig schwangere Judenmädchen Miriam überschwänglich einen Gott, der »die Niedrigkeit seiner Magd« angesehen hat, der »Gewalt mit seinem Arm« gegen die ausübt, »die hoffärtig sind«, der »die Gewaltigen vom Thron« stößt, »die Hungrigen mit Gütern« füllt und »die Reichen leer ausgehen« lässt – besser als Lukas kann man die Utopie einer eschatologisch radikal verkehrten Welt in Bölls Gesamtwerk nicht auf den Punkt bringen:

> Meine Seele erhebt den Herrn,
> und mein Geist freuet sich Gottes, meines Heilandes;
> denn er hat die Niedrigkeit seiner Magd angesehen.
> Siehe, von nun an werden mich selig preisen alle Kindeskinder.
> Denn er hat große Dinge an mir getan,
> der da mächtig ist und dessen Name heilig ist.
> Und seine Barmherzigkeit währet für und für

bei denen, die ihn fürchten.
Er übt Gewalt mit seinem Arm
und zerstreut, die hoffärtig sind in ihres Herzens Sinn.
Er stößt die Gewaltigen vom Thron
und erhebt die Niedrigen.
Die Hungrigen füllt er mit Gütern
und lässt die Reichen leer ausgehen.
Er gedenkt der Barmherzigkeit
und hilft seinem Diener Israel auf,
wie er geredet hat zu unsern Vätern,
Abraham und seinen Nachkommen in Ewigkeit.

Gliederung (nach U. Schnelle)

1,1–4	Vorwort
1,5–2,52	Vorgeschichte: Geburt Johannes d. T. und Geburt Jesu
3,1–4,13	Vorbereitung der Wirksamkeit Jesu: Der Täufer, Jesu Taufe, Stammbaum und Versuchung Jesu
4,14–9,50	Das Wirken Jesu in Galiläa
9,51–19,27	Jesu Reise nach Jerusalem
19,28–21,38	Jesu Wirken in Jerusalem
22,1–23,56	Die Passion Jesu
24,1–53	Die Auferstehungserzählungen

Wie bei Matthäus finden sich auch bei Lukas Erweiterungen des markinischen Lebens Jesu zur Kindheit hin, die mit denen bei Matthäus nicht übereinstimmen, von der wunderbaren Geburt Johannes' des Täufers wie der Jesu bis zum zwölfjährigen Jesus im Tempel (Lk 1,5–2,52). Diese Tendenz setzt sich in der Folgezeit bis zu ganzen Kindheitsevangelien fort, die von der Kirche nicht rezipiert wurden, etwa dem Evangelium nach Thomas dem Israeliten.

II Die *Apostelgeschichte* des Lukas

Theologisch bildet das lukanische Doppelwerk eine Einheit, die von der Heilsgeschichte gestiftet wird, die mit der Geburt Johannes' des Täufers beginnt und mit der Predigt des Reiches Gottes durch den Apostel in Rom, dem Zentrum des Imperiums, endet: »Paulus aber blieb zwei volle Jahre in seiner eigenen Wohnung und nahm alle auf, die zu ihm kamen, predigte das Reich Gottes und lehrte von dem Herrn Jesus Christus mit allem Freimut ungehindert.« (Apg 28,30 f.)

Diese Heilsgeschichte wird in für die antike Geschichtsschreibung typischer Synchronisation über Herrscherdaten (Lk 2,1 f.; Lk 3,1 f.) mit der Weltgeschichte verbunden, und wird so geradezu zum Teil der Profanhistorie. Ihre Achsenzeit ist das Auftreten Johannes des Täufers: »Das Gesetz und die Propheten weissagen bis auf Johannes; und von der Zeit wird das Reich Gottes durchs Evangelium gepredigt.« Ob man Johannes nun auf die Seite des Gesetzes oder des Evangeliums schlägt – beide Deutungen werden vertreten –, sein Auftreten markiert für Lukas die Grenze zwischen Gesetz und Evangelium.

Johannes der Täufer ist außer in den vier Evangelien und der *Apostelgeschichte* auch beim jüdischen Historiker Josephus bezeugt. Er war ein den unmittelbaren Anbruch der Gottesherrschaft predigender Asket, dessen Taufen im Jordan der radikalen Umkehr zum Gottesreich dienten. Die Berührung dieser für die ekstatisch bewegte Zeit, die später zu unserer Zeitenwende wurde, typischen Gestalt mit Jesus besteht darin, dass Jesus sich von Johannes hat taufen lassen.

Umso stärker waren dann die Bemühungen der frühen Gemeinde, den mit Jesus konkurrierenden Johannes zu seinem bloßen Vorläufer zu machen; immerhin berichtet Apg 19,1–7 von Täuferjüngern noch zur Zeit des Apostels Paulus. Am weitesten geht hierin Lukas, der in Lk 1 alte Täuferlegenden, die wohl im Kreis seiner Jünger tradiert wurden, zu einer embryonalen Freundschaft der beiden Endzeitgestalten ausdeutet.

Aus Angst vor vom Täufer ausgelösten politischen Unruhen ließ Herodes Antipas ihn verhaften und hinrichten. Die farbige Erzählung von den näheren Umständen seines Todes in Mk 6,17–29 – Tanz der Salome vor Herodes mit dem Kopf des Täufers als

Preis – entstammen einer volkstümlichen Anekdote unbekannter Herkunft.

Die doppelt erzählte Himmelfahrt Jesu (Lk 24,50 f.; Apg 1,9 f.) verklammert die Heilszeit Jesu mit der Zeit der Apostel und ihrer »Zeugenschaft« »zu Jerusalem und in ganz Judäa und Samarien und bis an das Ende der Erde« (Apg 1,8). Zeitlich ist die Entstehung der *Apostelgeschichte* nach dem *Lukasevangelium*, also in der Zeit zwischen 90 und 100 anzusetzen.

»Lukas nahm in das zweite Buch seines Doppelwerks sowohl eine zusammenhängende Quellenschrift (»Itinerar« – d. h. Stationenverzeichnis – V. N.) der Paulusreisen als auch Einzeltraditionen unterschiedlichen Umfangs auf, die ihm in schriftlicher oder mündlicher Form vorlagen. Alle geprägten Überlieferungen wurden von Lukas redaktionell überarbeitet und in den Kontext des Gesamtwerks integriert«. (U. Schnelle) So erklären sich auch die »Wir«-Passagen (Apg 16,10–17; 20,5–15; 21,1–18; 27,1–28,16), die keineswegs für eine Augenzeugenschaft des Lukas sprechen. Vielleicht hat der Verfasser sich wie ein hellenistischer Historiker sein Material »durch Befragung von Reisenden, auf eigenen Reisen und durch briefliche oder von Mittelsmännern besorgte Erkundigungen bei den verschiedenen Gewährsleuten selbst beschafft«. (E. Plümacher)

Wie in der gesamten antiken Historiographie üblich, sind die zahlreichen Reden, meist des Petrus oder Paulus, die fast ein Drittel des Textes ausmachen, nicht authentisch, sondern stammen vom Erzähler; der antike Geschichtsschreiber sah in ihnen geradezu ein Festmahl für seine Erzählkunst. Die berühmteste unter diesen lukanischen Redeschöpfungen ist wohl des Paulus Predigt auf dem Athener Areopag (Apg. 17,22–34): In ihr knüpft er an einen Athener Altar an, geweiht »Dem unbekannten Gott«, den er mit dem Gott der Juden und dem Gott Jesu Christi eindrucksvoll in eins setzt. Die athenische Inschrift wie des Paulus Deutung haben in der negativen Theologie wie im agnostischen Diskurs durch die Zeiten hindurch eine zentrale Rolle gespielt; der junge Pfarrerssohn Friedrich Nietzsche hat ihn in einem Gedicht geradezu beschworen:

Dem unbekannten Gott

Noch einmal, eh ich weiterziehe
und meine Blicke vorwärts sende,
heb ich vereinsamt meine Hände
zu dir empor, zu dem ich fliehe,
dem ich in tiefster Herzenstiefe
Altäre feierlich geweiht,
daß allezeit
mich deine Stimme wieder riefe.

Darauf erglüht tief eingeschrieben
das Wort: Dem unbekannten Gotte.
Sein bin ich, ob ich in der Frevler Rotte
auch bis zur Stunde bin geblieben:
Sein bin ich – und fühl die Schlingen,
die mich im Kampf darniederziehn
und, mag ich fliehn,
mich doch zu seinem Dienste zwingen.

Ich will dich kennen, Unbekannter,
du tief in meine Seele Greifender,
mein Leben wie ein Sturm Durchschweifender,
du Unfaßbarer, mir Verwandter!
Ich will dich kennen, selbst dir dienen.

In ihrer Einheitlichkeit des Erzählers und des Erzählens unter dem Einfluss der griechischen Geschichtsschreibung ist die *Apostelgeschichte* wohl das am geschlossensten und mit größter Lebendigkeit gestaltete Buch der gesamten Bibel.

Gliederung (nach U. Schnelle)

1,1–14	Vorwort (Widmung, Himmelfahrt)
1,15–8,3	Die Apostel als Zeugen des Evangeliums in Jerusalem
8,4–11,18	Die Verkündigung des Evangeliums in Samaria und den Küstengebieten, Apg 9,32 ff. kommt die Heidenmission in den Blick
11,19–15,35	Die antiochenische Mission; Apg 15,1–33 endet mit dem Apostelkonvent die Urzeit der Kirche
15,36–19,20	Die Mission des Paulus in Kleinasien und Griechenland

19,21–21,17	Paulus auf dem Weg nach Jerusalem (und Rom)
21,18–26,32	Verhaftung und Prozess des Paulus
27,1–28,31	Reise des Paulus nach Rom und sein Wirken dort

III Die Briefe des Apostels Paulus

Der Brief ist eine verbreitete literarische Gattung der Antike und eine der beliebtesten Formen der didaktischen Literatur. So ist die berühmte sogenannte *Ars poetica* des Horaz ein Brief »ad Pisones« (= Vater und Sohn Piso), wenn auch in Hexametern, mit allen Merkmalen der Gattung, wie z. B. Sprunghaftigkeit, Lebhaftigkeit der Darbietung, fehlende Systematik, Raum für Abschweifungen u. ä. Der von der späteren Tradition in enge Nachbarschaft zu Paulus gerückte stoische Philosoph Seneca (s. S. 32) hat einen Großteil seines philosophischen Werkes in Briefform abgefasst.

Auch die Briefe des Paulus waren zur Verlesung im Gottesdienst und damit für die Öffentlichkeit bestimmt (1 Thess 5,27), wenn sie auch jeweils in die lebendige Kommunikationsform – persönliche Besuche, Absenden und Empfangen von Boten – mit den jeweiligen Gemeinden eingebettet sind. Selbstverständlich bietet Paulus in ihnen das ganze Arsenal seiner rhetorischen Bildung auf. »Elemente der paulinischen Argumentation sind: Antithesen, Typologien, Vergleiche, Ironie, Gleichnisse, Kettenschlüsse, […] Digression, Chiasmus, Sentenzen, Exempel, Lasterkataloge, […] LXX-Zitate, Herrenworte, Zwischenfragen, ›fiktive‹ Einwände der Kontrahenten, wertende Anreden u. a. m.« (U. Schnelle) Vor allem im »Hohen Lied der Liebe« (1. Kor 13) erweist sich Paulus geradezu als Meister einer dichterischen Prosa:

> Wenn ich mit Menschen- und mit Engelzungen redete und hätte der Liebe nicht, so wäre ich ein tönendes Erz oder eine klingende Schelle. Und wenn ich prophetisch reden könnte und wüsste alle Geheimnisse und alle Erkenntnis und hätte allen Glauben, sodass ich Berge versetzen könnte, und hätte der Liebe nicht, so wäre ich nichts. Und wenn ich alle meine Habe den Armen gäbe und meinen Leib dahingäbe, mich zu rühmen, und hätte der Liebe nicht, so wäre mir's

> nichts nütze. Die Liebe ist langmütig und freundlich, die Liebe eifert nicht, die Liebe treibt nicht Mutwillen, sie bläht sich nicht auf, sie verhält sich nicht ungehörig, sie sucht nicht das Ihre, sie lässt sich nicht erbittern, sie rechnet das Böse nicht zu, sie freut sich nicht über die Ungerechtigkeit, sie freut sich aber an der Wahrheit; sie erträgt alles, sie glaubt alles, sie hofft alles, sie duldet alles. Die Liebe höret nimmer auf, wo doch das prophetische Reden aufhören wird und das Zungenreden aufhören wird und die Erkenntnis aufhören wird. Denn unser Wissen ist Stückwerk und unser prophetisches Reden ist Stückwerk. Wenn aber kommen wird das Vollkommene, so wird das Stückwerk aufhören. Als ich ein Kind war, da redete ich wie ein Kind und dachte wie ein Kind und war klug wie ein Kind; als ich aber ein Mann wurde, tat ich ab, was kindlich war. Wir sehen jetzt durch einen Spiegel in einem dunklen Bild; dann aber von Angesicht zu Angesicht. Jetzt erkenne ich stückweise; dann aber werde ich erkennen, gleichwie ich erkannt bin. Nun aber bleiben Glaube, Hoffnung, Liebe, diese drei; aber die Liebe ist die größte unter ihnen.

Man unterscheidet beim antiken Brief das griechische und das orientalische Eingangsformular. Beim griechischen – und lateinischen – geht es sehr schlicht zu: Absender – Empfänger – Segenswunsch: *Seneca Lucilio suo salutem* – ›Seneca seinem Lucilius Heil‹. Im *Neuen Testament* hat diesen Eingang nur der *Jakobusbrief*; die anderen weisen das orientalische Formular auf, bei dem Absender und Empfänger eingangs genannt werden und der Segenswunsch einen eigenen Satz umfasst. Paulus variiert und erweitert vor allem die Absenderangabe sehr kunstvoll um Kennzeichnungen und Spezifikationen seines Apostolats (z. B. Rm 1,1–6 nur Absender!). Paulus hat seine Briefe Mitarbeitern und Sekretären diktiert, die meist genannt werden. Im *1. Korintherbrief* (1 Kor 16,21) und im *Galaterbrief* folgt deshalb ein eigenhändiger Zusatz (Gal 6,11–18), in dem er sich über seine eigene große Schrift mokiert. Ansonsten enthält der Briefschluss – wie bis heute üblich – Grüße und Ermahnungen.

Im letzten Drittel des vorigen Jahrhunderts war es wissenschaftliche Mode, die kanonischen Briefe des Paulus in Teilbriefe zu zerlegen, aus denen sie jeweils ein Redaktor komponiert habe, sodass es schließlich spöttisch hieß, Paulus habe wohl keine Briefe geschrieben, sondern nur Postkarten. Davon ist die herrschende Forschung inzwischen wieder abgekommen – warum soll man bei einem Redaktor – bei einem Brief durchaus übliche – Gedankensprünge oder leichte Widersprüche tolerieren, bei Paulus aber nicht?

Die Anordnung der Paulusbriefe in den Kodizes folgt der Länge; zur Chronologie der Briefe s. unten. Der den heutigen Briefteil eröffnende *Römerbrief* nimmt eine Sonderstellung ein, da er nicht der Kommunikation mit einer der Paulus bekannten oder von ihm gegründeten Gemeinden dient und auf Missstände oder Streitfragen eingeht, sondern Paulus und seine Theologie der wichtigen Hauptstadtgemeinde bekanntmachen will, von der aus und mit deren Hilfe er seine Mission in Spanien beginnen will (Rm 15,22–24).

Die Briefe der Paulusschule

Die übrigen Schriften müssen als pseudepigrafisch gelten. In der gesamten griechischen und römischen Literatur ist die sogenannte »Pseudepigrafik«, d. h. Werke, die von vornherein bewusst unter einem berühmten Namen verfasst wurden, ein weit verbreitetes Phänomen. Fast allen Dichtern und Denkern wurden spätere Nachahmungs- oder Schulwerke zugeschrieben; vor allem die Herausgabe angeblicher Briefe älterer Geistesgrößen war gängige Praxis. Auch in der Tradition der hebräischen Bibel wurden Moses alle Gesetzestexte, David Psalmen, Salomon die gesamte Weisheitsliteratur und nahezu allen Propheten Fortschreibungen ihrer Schulen zugeschrieben.

Die neutestamentliche Pseudepigrafik begegnet uns vor allem in der Zeit, da die Apostelgeneration gestorben ist, die Urgemeinde durch die Zerstörung Jerusalems nicht mehr existiert und es an einem eigenen Kanon noch mangelt. Weil es keine Persönlichkeiten mehr gab, die gesamtkirchliche Autorität besaßen, griffen die Verfasser auf die Autoritäten der Vergangenheit zurück. Vor allem Paulus bot sich an, der mit seinem großen Mitarbeiterstab eine eigene Schule gegründet und hinterlassen hatte.

Aus ihr sind aufgrund sprachlicher, stilistischer, theologischer Merkmale und vor allem aufgrund der sich in ihnen spiegelnden fortgeschrittenen Gemeindestrukturen nach heutiger herrschender Meinung *Kolosserbrief, Epheserbrief, 2. Thessalonicherbrief* und der 1. und 2. *Brief an Timotheus* sowie der *Brief an Titus* hervorgegangen. Diese letztgenannten Briefe an persönliche Adressaten werden seit dem 18. Jahrhundert auch Pastoralbriefe genannt, weil ihr Gegenstand die Begründung und Ausgestaltung des kirchlichen Hirtenamtes ist. Dass bei fast allen Briefen auch von einigen Forschern die Abfassung von einem Sekretär des Paulus vertreten wird, ist im Grunde nur eine Variante der Schulhypothese, die lediglich eine frühere Datierung erlaubt.

Der einstmals auch von der Tradition bisweilen Paulus zugeschriebene sogenannte *Hebräerbrief*, eine wohl zwischen 80 und 90 entstandene Schrift, nimmt insofern eine Sonderstellung ein, als ihre Gattungszugehörigkeit unklar und ihre Anonymität u. U. gewollt war. Der an Paulus angelehnte Briefschluss 13,22–25 stellt vielleicht das Begleitschreiben dar, mit dem der eher als Mahnrede auf hohem theologischen Niveau konzipierte Text zur Verlesung in den Gemeinden verschickt worden ist.

IV Die katholischen Briefe

Der *Jakobusbrief*, der *Judasbrief*, die beiden *Petrusbriefe* und die drei *Johannesbriefe* werden seit dem Kirchenvater Eusebius als katholische Briefe bezeichnet, weil die gesamte Christenheit (*to katholon* = das Ganze) als ihr Adressat galt. In der neuesten Forschung werden die drei *Johannesbriefe* jedoch separat im Rahmen der Schriften der Johannesschule behandelt.

Jakobusbrief

Von den fünf Männern mit Namen Jakobus ist es wohl der Jesusbruder dieses Namens, der als Verfasser des Briefes galt. Zu Lebzeiten war die Familie Jesu in Distanz zu ihm geblieben (Mk 3,21–31 ff.; Joh 7,5), sodass Jakobus wohl erst nach Jesu Tod und Auferstehung zur Urgemeinde gestoßen ist, in der er bald eine führende Stelle einnahm und eine extrem judenchristliche Position vertrat (Gal 2,12). Im Jahr 62 wurde er nach dem Bericht des Josephus unter dem Hohepriester Hannas d. J. wegen Gesetzesübertretung gesteinigt.

Der Brief ist das Dokument einer extrem antipaulinischen Polemik in der Rechtfertigungslehre: Vor allem, was das Verhältnis des Glaubens zu den Werken angeht, wird in Jak 2,17–26 die Formulierung des Paulus in Röm 3,28 ausdrücklich negiert und ins Gegenteil verkehrt. Dieser explizite Widerspruch zur Rechtfertigung aus dem Glauben, die für Luther das Zentrum der gesamten Heiligen Schrift ausmachte, ließ den Reformator den »strohernen Jäckel« fast aus dem Kanon ausschließen (s. S. 128). So könnte der Brief durchaus im Geist des strengen Judenchristen und Paulusgegners Jakobus geschrieben sein, wenn auch die Mehrzahl der Ausleger ihn für das Werk eines unbekannten hellenistischen Judenchristen von beträchtlicher griechischer Bildung hält.

Die stärkste Wirkung hat Jakobus entsprechend mit einem Zitat ausgeübt, das in völliger Übereinstimmung mit Paulus (und der Stoa – s. S. 118) das Vorläufige, nicht Planbare, ja Zufällige alles menschlichen Tuns auf den Punkt bringt: »Jakobi Vorbehalt« oder vornehm akademisch die *conditio Iacobaea*; bis tief ins 20. Jahrhundert hinein trafen vor allem Geistliche ihre Verabredungen *sub conditione Iacobaea*; im Briefschluss meist als »s. c. J.« oder »s. c. I.« abgekürzt:

> Wohlan nun, die ihr sagt: Heute oder morgen wollen wir in die oder die Stadt gehen und wollen ein Jahr dort zubringen und Handel treiben und Gewinn machen –, und wisst nicht, was morgen sein wird. Was ist euer Leben? Dunst seid ihr, der eine kleine Zeit bleibt und dann verschwindet. Dagegen solltet ihr sagen: Wenn der Herr will, werden wir leben und dies oder das tun.

Das durch Johannes Brahms' Vertonung als »Wiegenlied« oder »Lullaby« weltweit bekannt gewordene *Guten Abend, gute Nacht* aus *Des Knaben Wunderhorn* stellt, für uns heute eher befremdlich, auch das morgendliche Erwachen des Kindes ausdrücklich »unter Jakobi Vorbehalt«: »Morgen früh, so Gott will, wirst du wieder geweckt«.

Die *Petrusbriefe*

Den hohen Rang, den der 1. *Petrusbrief* einnahm, bezeugt schon der 2. *Petrusbrief*, der in 3,1 direkt auf ihn zurückgreift. Gegen eine Verfasserschaft des Apostels spricht aber das geläufige Koine-Griechisch des Briefs, das einen Muttersprachler vermuten lässt, während Petrus zwar Griechisch gekonnt haben dürfte, sich aber bei seiner Mission eines Dolmetschers bediente (s. S. 160). Adressaten sind die Diasporachristen in Pontus, Galatien, Kappadokien, Asien und Bithynien, womit wohl die römischen Provinzen dieses Namens gemeint sind, die fast ganz Kleinasien ausmachen. Entstanden ist der Brief zwischen 70 und 100, wohl um 90.

Der 2. *Petrusbrief* erhebt den Anspruch, das Testament des Petrus zu sein (1,1.13–15). Dazu passt seine Erinnerung an Jesu Verklärung (1,18) und die Erwähnung der Paulusbriefe (3,15 f.). 2 Pet 3,4 durchbricht jedoch diese Tradition, wenn gesagt wird, dass die Väter (des Glaubens = die erste Generation) bereits entschlafen seien.

Der 2. *Petrusbrief* vereinigt in sich Elemente des Briefs und des Testaments; vom Brief übernimmt er vor allem die Formalien wie Anfang und Schluss, zum Testament passen der bevorstehende Tod, das Erinnern an Erlebtes und das Wissen um das Eintreten zukünftiger Dinge: »In der Situation des Abschieds erteilt ein bevollmächtigter Traditionsträger einer durch Krisen verunsicherten Glaubensgemeinschaft verbindliche Weisungen.« (U. Schnelle)

Judasbrief

Der *Judasbrief* soll von Judas, dem Bruder Jesu, stammen, wie die Bezeichnung als »Bruder des Jakobus« in 1,1 deutlich macht. Der Brief will in einer Zeit der Verunsicherung vor allem an den Glauben erinnern, »der einmal den Heiligen übergeben ist« (3), an die »Worte, die zuvor gesagt sind von den Aposteln unsers Herrn Jesu Christi« (17) und gedenkt mit einer Fülle von Beispielen der Strafen, die den diversen Abtrünnigen in der Geschichte Israels zuteilwurden. Zwischen dem *Judasbrief* und dem 2. *Petrusbrief* bestehen enge Parallelen, die heute meist so erklärt werden, dass der *Judasbrief* in überarbeiteter Form in den 2. *Petrusbrief* aufgenommen wurde.

Von den 27 Schriften des *Neuen Testaments* wurden somit nur die sieben authentischen Paulusbriefe unter dem eigenen Namen verfasst. Auch die *Johannesoffenbarung* und der 2. und 3. *Johannesbrief* haben eine genuine Verfasserangabe, wenn auch die dahinterstehende Person unklar bleibt. Sieben Werke wurden anonym verfasst (Mk, Mt, Lk, Apg, Joh, Hebr, 1 Joh) und erhielten erst nachträglich Verfassernamen.

V Die Schriften der Johannes-Schule

Die in den letzten Jahren von der Forschung herausgearbeiteten starken Gemeinsamkeiten innerhalb der Schriftengruppe des *Neuen Testaments*, die mittelbar oder unmittelbar mit dem Apostelnamen »Johannes« verbunden sind, haben zur Annahme einer johanneischen Schule mit dem Zentrum Ephesus geführt, in der diese Schriften entstanden sind. Diese Gemeinsamkeiten sind sowohl theologischer wie auch sprachlicher Natur, man hat geradezu von »einem Soziolekt der johanneischen Schule« gesprochen. Im deutlich angehängten Kapitel 21 des *Johannesevangeliums* meldet sich die Schule ausdrücklich zu Wort und macht den im Evangelium immer wieder erwähnten Lieblingsjünger zum Verfasser: »Dies ist der Jünger, der dies alles bezeugt und aufgeschrieben hat, und wir wissen, daß sein Zeugnis wahr ist.« (Joh 21,24). Von dieser Schule wurde das Evangelium vielleicht sogar herausgegeben.

Für den Sitz der Schule in Ephesus spricht die altkirchliche Tradition, der Jünger Johannes habe im hohen Alter unter Kaiser Trajan das Evangelium in Ephesus geschrieben. Zudem hat das Evangelium seine früheste Wirkung in Kleinasien und im Westen des Römischen Reiches entfaltet. Ephesus als gleichzeitiges Zentrum der Paulusschule würde auch die Berührungen der johanneischen mit der paulinischen Theologie erklären.

Für eine zeitliche Anordnung der Schriften in der Reihenfolge 2. *Johannesbrief*, 3. *Johannesbrief*, 1. *Johannesbrief*, *Johannesevan-*

gelium sprechen gute Gründe. Der 2. und der 3. Brief sind keine Zweitverwertungen des Evangeliums, sondern eigenständige Zeugnisse, bei denen der 3. den 2. voraussetzt. Der *1. Johannesbrief* greift überhaupt nicht auf das Evangelium zurück, die beiden anderen bilden ein Vorspiel dazu. Wären sie nach dem Evangelium entstanden, könnte man nicht erklären, wieso sie bei vielen Themen hinter dessen Niveau zurückfallen. »Die Briefe markieren literarisch und theologisch den Ausgangspunkt der johanneischen Theologiebildung, die im *Johannesevangelium* ihren Höhepunkt erreicht.« (U. Schnelle)

Ihr Verfasser nennt sich mit dem Ehrentitel *Presbyteros*, ›Ältester‹; entstanden sind sie wohl um 90 und kurz danach.

Im *1. Johannesbrief* findet sich diese Absenderbezeichnung nicht; er stammt daher wohl von einem anderen Verfasser, aber auch nicht von dem des Evangeliums. Das erklärt zu beobachtende sprachliche und sachliche Differenzen, während die Gemeinsamkeiten aus dem Soziolekt der Schule erklärt werden können. Wegen fehlender Bezüge zum Evangelium ist 1 Joh wohl vor dem Evangelium um 95 in Ephesus entstanden.

Das *Johannesevangelium*

Wegen der mit ihm verbundenen vielen offenen Fragen hat man dieses Evangelium einmal »das Schmerzenskind der neutestamentlichen Wissenschaft« genannt, aber Schmerzenskinder sind oft Lieblingskinder: Das Johannesevangelium wird wegen seiner Geschlossenheit und wegen seines zentralen Christuszeugnisses und der durchgehenden theologischen Durchdringung des Erzähl- und Redenstoffes von vielen Philosophen und Theologen, darunter auch von vielen Praktikern, sehr geliebt.

Die um 180 von Irenäus überlieferte Tradition, der Jünger Jesu habe das Evangelium im höchsten Alter unter Kaiser Trajan, also um oder nach 100, geschrieben, wird vom Inhalt nicht bestätigt. Die Verschiebungen gegenüber den Synoptikern sind für einen Augenzeugen zu groß: Bei den Synoptikern steht im Zentrum der Verkündigung das nahende und in der Person Jesu bereits anbrechende Reich Gottes; bei Johannes verkündet Jesus in seinen Bildworten von sich als dem Brot des Lebens (Joh 6,35a), dem Licht der Welt (Joh 8,12), der Tür (Joh 10,7), dem Hirten

(Joh 10,11), der Auferstehung und dem Leben (Joh 11,25), dem Weg, der Wahrheit und dem Leben (Joh 14,6) und dem Weinstock (Joh 15,1) vor allem sich selbst. Die zukünftige eschatologische Predigt Jesu bei den Synoptikern ist bei Johannes zur präsentischen Eschatologie geworden: In Jesu Wirken ist der neue Äon (s. S. 129) bereits in diese Welt eingebrochen (Joh 5,25; 11,25 f.).

Für Ephesus als Abfassungsort spricht die altkirchliche Tradition, die Zuordenbarkeit zu einer johanneischen Schule und die Ferne zu Palästina: Aus dem hebräischen *Messias* ist der griechische *Christos* geworden, jüdische Bräuche und das Verhältnis zwischen Juden und Samaritanern werden erklärt. Wirkungsgeschichte und textliche Überlieferung legen die Zeit zwischen 100 und 110 nahe; ein lange Zeit auf 125 datiertes Papyrusfragment des Evangelientextes stammt wohl doch aus späterer Zeit.

Seit dem lange unangefochtenen Johanneskommentar von Rudolf Bultmann (1. Auflage 1941) galt ein erst von ihm korrigiertes Durcheinander in der Blattfolge für gesichert. Mittlerweile ist man zur johanneischen Anordnung zurückgekehrt, da Bultmanns Thesen ebenso viele Probleme schaffen, wie sie zu lösen vorgeben. Von der äußeren Textkritik, d. h. ihrer späten Überlieferung her sind nur die Passagen Joh 4,2; 5,3b–4; 7,53–8,11 – die berühmte Geschichte von Jesus und der Ehebrecherin, die trotzdem auf eine alte Überlieferung zurückgehen kann – auszuscheiden.

Am stärksten erforscht, diskutiert und umstritten ist das Verhältnis zu den Synoptikern, mit denen es doch zahlreiche Übereinstimmungen gibt. Aus ihnen ergibt sich, dass Johannes die Evangelien von Markus und Lukas gekannt haben muss; anderenfalls hätte er ja die Gattung »Evangelium« ein zweites Mal erfunden, in der in ein Lebens- und Reiseschema als Rahmen Wunderberichte, Logien und Reden eingelegt werden. Hauptdifferenzpunkte sind Jesu dreijähriges Wirken – wobei das eine Jahr bei den Synoptikern mit der Passahreise nach Jerusalem am Ende auch ein willkürliches Schema darstellt –, die Tempelreinigung zu Beginn seines Auftretens und sein Tod am Vortag des Passahfestes.

Gliederung (nach U. Schnelle)

1,1–18	*Prolog: Jesus, der Logos*
1,19–12,50	*Das Wirken des Offenbarers in der Welt*
1,19–51	Das Zeugnis des Täufers und die ersten Jünger
2,1–4,54	Erzählfolge mit Kana als Anfangs- und Schlusspunkt
5,1–47	Jesu erste Auseinandersetzung mit den Juden
6,1–71	Jesus in Galiläa
7,1–11,54	Der sich steigernde Konflikt mit den Juden
11,55–12,50	Das letzte Passah in Jerusalem und das bevorstehende Leiden Jesu
13,1–20,29	*Jesu Offenbarung vor den Seinen, Passion, Erhöhung und Erscheinungen des Auferstandenen*
13,1–17,26	Die Offenbarung der Jüngerschaft
18,1–20,29	Passion und Ostern
20,30–31	*Epilog: Vom Verstehen des Evangeliums*
Nachträge:	21,1–23: Erscheinung des Auferstandenen am See Tiberias; 21,24 f. Zweiter Buchschluss

Johannes variiert das synoptische Schema insofern, als er den Stoff in sorgfältiger komponierten homogenen Passagen präsentiert und zugleich stärker integriert. Während bei den Synoptikern nur Petrus als Gestalt und Charakter – impulsiv und großsprecherisch zugleich (Mt 14,28–30; 26,57–75) – greifbar wird, taucht bei Johannes z. B. der Jesus wohlgesonnene angesehene Pharisäer Nikodemus zu Beginn von Jesu Wirken als nächtlicher Besucher (Joh 3,1–21), in der Mitte als sein Fürsprecher (Joh 7,50) und am Ende als Mitarrangeur seines Begräbnisses wieder auf (Joh 19,39). Die Stellen sind dabei referenziell miteinander vernetzt. Solch ein Vorgehen wäre bei den Synoptikern als Redaktoren von vorgefundenem Einzelgut undenkbar. Das *Evangelium nach Johannes* ist so das am stärksten komponierte und gestaltete; das die Komposition durchwaltende Prinzip nennt es in seinen beiden letzten Sätzen selbst: »Noch viele andere Zeichen tat Jesus vor seinen Jüngern, die nicht geschrieben sind in diesem Buch. Diese aber sind geschrieben, damit ihr glaubt, dass Jesus der Christus ist, der Sohn Gottes, und damit ihr, weil ihr glaubt, das Leben habt in seinem Namen.« (Joh 20,30 f.)

Die *Offenbarung des Johannes*

Neben der alttestamentlichen Apokalypse des Daniel (s. S. 132) ist die dem »Knecht Johannes« (Offb 1,1b) zuteil gewordene apokalyptische Vision die einzige Vertreterin der um die Zeitenwende stark verbreiteten Gattung, die zur kanonischen Schrift geworden ist (zur Gattung »Apokalypse« und zum Inhalt der Visionen des Verfassers s. S. 130). In direktem Daniel-Zitat (Daniel 2,28 f., s. S. 133) will die *Offenbarung des Johannes* das von Jesus durch seinen Engel dem Knecht Johannes enthüllte *ha dei genesthai en tachei* – ›was notwendig bald geschehen muss‹ – den Gemeinden vermitteln, die zukünftigen Ereignisse, bis Jesus am Ende der Zeit (Offb 10,6) wiederkommt und vor dem Kosmos offenbar wird: »Ich bin das A und das O, der Erste und der Letzte, der Anfang und das Ende« (Offb 22,13). Der Seher fleht daher im Schlussgebet: »Amen, ja, komm, Herr Jesus!«

Ort der Visionen ist Patmos, wohin der Seher »um des Wortes und des Zeugnisses Jesu willen« (Offb 1,9) verbannt war, vielleicht als Kritiker des Kaiserkults unter dem späten Domitian. Die Schrift wäre dann zwischen 90 und 95 entstanden.

Ewig wie stündlich – die Botschaft der Bibel

Weit über tausend Jahre spannt sich der Bogen von den Erzvätern und den Mythen von der Erschaffung der Welt und der ersten Menschen bis zum Wirken Jesu und zum Christuszeugnis des Paulus, der Evangelisten und der frühen Kirche und ihrer Lehre von Christi Wiederkunft am Ende der Tage. Eck- und Spannpunkte dieses Bogens sind der Gott Israels, der den Menschen trotz seiner Fehlerhaftigkeit und Gebrochenheit annimmt, und Jesus, der Christus, der als Gottes Sohn den Menschen ihre voraussetzungslose Erlösung und bedingungslose Annahme immer wieder neu zusagt und ihre Gebrochenheit ans Kreuz trägt und ihr zum Trotz auferweckt wird. Bleibende Zeugnisse für eine Utopie, die zugleich ewig wie stündlich ihrer Einlösung harrt, sind das Gleichnis vom bösen Knecht, der seinen Mitknecht um einer Bagatelle willen würgt, nachdem ihm selbst eine Millionenschuld erlassen worden ist (Mt 18,23–35), und das Gleichnis vom Weltgericht (Mt 25,31–46): Dem Christen begegnet sein Herr im Penner auf der Kölner Domplatte, im indischen Paria, im afrikanischen Bürgerkriegsopfer und im verachteten Slumbewohner einer südamerikanischen Großstadt.

Literaturverzeichnis

In das Buch sind meine Erfahrungen aus fast 70 Jahren intensiven Umgangs mit der Bibel eingegangen sowie ein ebenso langes bewusstes Leben in unserer von der Bibel geprägten westlichen Lebenswelt; hinzu kommen fast 60 Jahre professionellen Studiums der mehr oder weniger von der Bibel geprägten Literatur der westlichen Welt.

Das Literaturverzeichnis führt deshalb nur die unmittelbar für das Werk benutzte oder die in ihm zitierte Forschungsliteratur auf.

Albertz, Rainer: Religionsgeschichte Israels in alttestamentlicher Zeit, Teil 1, Göttingen: Vandenhoeck & Ruprecht 1992 (2. Auflage 1996). Teil 2, Göttingen 1992 (2. Auflage 1997).

Die andere Bibel mit Altem und Neuem Testament. Hg. von Alfred Pfabigan, Frankfurt a. M.: Eichborn 1990.

Berger, Klaus: Jesus, München: Pattloch 2004.

Berger, Klaus: Qumran. Funde – Texte – Geschichte, Stuttgart: Reclam 1998.

Blum, Erhard: Von Gottesunmittelbarkeit zu Gottähnlichkeit: Überlegungen zur theologischen Anthropologie der Paradieserzählung, in: Gönke, Eberhard/Kathrin Liess (Hg.): Gottes Nähe im Alten Testament, Stuttgart 2004, S. 9–29.

Boecker, Hans Jochen; Hermisson, Hans-Jürgen; Schmidt, Johann-Michael; Schmidt, Ludwig: Altes Testament, Neukirchen-Vluyn: Neukirchner Verlag 1983 (5. Auflage 1996).

Bultmann, Rudolf: Die Geschichte der synoptischen Tradition, Göttingen: Forschungen zur Religion und Literatur des Alten und Neuen Testaments 29, 1921 (8. Auflage 1970).

Einleitung in das Alte Testament. Hg. von Erich Zengler et al., Stuttgart: Kohlhammer 1995 (5. Auflage 2004), darin: Erich Zengler: Die Bücher der Tora/des Pentateuch; Die Bücher der Weisheit; Eigenart und Bedeutung der Prophetie Israels; Das Zwölfprophetenbuch; Das Buch der Psalmen.

Galley, Susanne; Hoba, Katharina; Kurths, Anja; Völkening, Helga: Die Hebräische Bibel. Eine Einführung, Berlin-Brandenburg: be.bra wissenschaft verlag 2004.

Gnilka, Joachim: Wie das Christentum entstand, Band 1: Jesus von Nazaret. Band 2: Paulus von Tarsus. Band 3: Theologie des Neuen Testaments, Freiburg im Breisgau: Herder 1992, 1997; Sonderausgabe Darmstadt: WBG 2004.

Greenblatt, Stephen: The Rise and Fall of Adam and Eve, New York/London 2017.

Gruenter, Rainer: Wenn die Zeichen sich mehren. Von der Konjunktur des Schreckens, in: Bilder und Zeichen. Wochenendbeilage der Frankfurter Allgemeinen Zeitung vom 9.2.1991.

Gunneweg, Antonius H. J.: Geschichte Israels, Stuttgart: Kohlhammer 1972 (6. Auflage 1989).

Klusak, Sebastian: Die Seele der Planeten. Gläubiger Blick in den Sternenhimmel, in: Bilder und Zeiten. Wochenendbeilage der Frankfurter Allgemeinen Zeitung vom 21.12.1996.

Levin, Christoph: Das Alte Testament, München: C. H. Beck 2001.

Neuhaus, Volker: Gipfelgespräche mit Martin Luther – Johann Wolfgang von Goethe, Thomas Mann, Günter Grass, Wiesbaden 2017.

Rushdie, Salman: Erinnerungen an Günter Grass, Günter Grass-Haus, Lübeck 2018.

Smend, Rudolf: Die Entstehung des Alten Testaments, Stuttgart: Kohlhammer 1984 (3. Auflage 1984).

Schnelle, Udo: Einleitung in das Neue Testament, Göttingen: Vandenhoeck & Ruprecht 1994 (4. Auflage 2002).

Schnelle, Udo: Paulus. Leben und Denken, Berlin/New York: de Gruyter 2003.

Scholl, Norbert: Die Bibel verstehen, Darmstadt: WBG 2004.

Seybold, Klaus: Poetik der Psalmen, Stuttgart: Kohlhammer 2003.

van Schaik, Carel; Michel, Kai: Das Tagebuch der Menschheit. Was die Bibel über unsere Evolution verrät, Reinbek bei Hamburg: Rowohlt Verlag 2016.

Die Spruchquelle Q. Studienausgabe Griechisch und Deutsch. Hg. von Paul Hoffmann und Christoph Heil, Darmstadt/Leuven: WBG, Peeters Publishers 2002.

Weitere spannende Titel bei marixwissen und im marixverlag:

Walter Vogel und Johannes Kügerl

Das Christentum

Gebunden mit Schutzumschlag

224 Seiten | Format 12,5 × 20 cm

ISBN 978-3-86539-968-7

Das Christentum ist zwar die größte unter den Weltreligionen, jedoch keine homogene Religionsgemeinschaft. Vielmehr ist es in rund 20 000 Konfessionen, Kirchen und Gruppierungen unterteilt, die teils sehr ähnliche, teils aber auch ganz konträre Glaubens- und Lebensvorstellungen haben. Darüber hinaus ist das Christentum weltweit verbreitet, hat eine lange und bewegte Geschichte und die christlichen Vorstellungen haben in den letzten 2000 Jahren nicht nur den europäischen Kontinent, sondern die gesamte Weltgeschichte wesentlich beeinflusst. Das vorliegende Buch beschreibt die Grundzüge dieser Religion sowohl hinsichtlich ihrer Geschichte als auch ihrer großen Gruppierungen. Es gibt den Lesern Einblick in die markanten Stationen der Kirchengeschichte angefangen bei Jesus von Nazaret bis hin zur Gegenwart und stellt sowohl die großen christlichen Konfessionen als auch die im deutschsprachigen Raum verbreiteten kleineren christlichen Kirchen vor.

Michael Tilly

Das Judentum

Gebunden mit Schutzumschlag

224 Seiten | Format 12,5 × 20 cm

ISBN 978-3-86539-910-6

Der vorliegende Band bietet einen allgemeinverständlichen und prägnanten Überblick auf die wichtigsten Entwicklungen, Ereignisse und Wendepunkte in der Geschichte des Judentums von der Antike bis zur Gegenwart, stellt sodann die Haupttexte des Judentums vor und informiert schließlich umfassend über die vielfältigen jüdischen Lebensformen, religiöse Praktiken, Sitten und Gebräuche.

FSC
www.fsc.org
MIX
Papier aus verantwortungsvollen Quellen
FSC® C083411

Bibliografische Information der Deutschen Nationalbibliothek
Die Deutsche Nationalbibliothek verzeichnet diese Publikation in der Deutschen Nationalbibliografie; detaillierte bibliografische Daten sind im Internet über
http://dnb.d-nb.de abrufbar.

Lektorat: Stefan Gücklhorn, Wiesbaden
Covergestaltung: Anja Carrà, Weimar
Bildnachweis: Abraham wird von drei Engeln bei der großen Eiche von Mamre besucht (Genesis 18,1–5), akg-images / Balage Balogh / archaeologyillustrated.com
Satz und Bearbeitung: SATZstudio Josef Pieper, Bedburg-Hau
Der Titel wurde in der Palatino Linotype gesetzt.
Gesamtherstellung: CPI books GmbH, Leck – Germany

ISBN: 978-3-7374-1110-3

Mehr über Ideen, Autoren und Programm des Verlags finden Sie auf www.verlagshausroemerweg.de und in Ihrer Buchhandlung.